KB209696

스토리텔링 생성형 AI, 엔트리 인공지능을 만나다

송해남 · 김태령 · 서정원
박기림 · 김혜진 · 유영재

공저

(주)광문각출판미디어
www.kwangmoonkag.co.kr

바야흐로 생성형 AI의 시대

오늘날 우리는 디지털과 인공지능(AI)의 시대를 살아가고 있습니다. 인공지능 기술은 우리 일상 속 깊이 자리 잡아 때로는 보이지 않는 손길로 삶을 편리하게 만들고, 또 때로는 새로운 도전을 불러옵니다. 이러한 변화 속에서 디지털 리터러시와 AI에 대한 이해는 단순한 기술 지식 이상의 의미를 갖습니다. 이제는 현대 사회의 기본적인 소양이자 미래를 준비하는 데 필수적인 요소가 되어 버렸지요.

게다가 우리는 생성형 AI가 생겨난 시대를 목격한 최초의 인류입니다. 불과 몇 년 전까지만 해도 무언가를 창작하는 인간의 능력은 오래된 훈련과 고도의 기술, 고차원적인 사고력 없이는 불가능했습니다. 그래서 새로운 작품을 만드는 일은 인고의 노력이 이미 몸에 새겨진 뒤의 일이라고 여겨졌습니다.

그러나 이제 우리는 전혀 다른 방식의 창작을 경험하고 있습니다. 개인의 능력을 넘어서 인류가 쌓아온 기술을 간단한 질문을 통해 빌려올 수 있는 시대가 온 것입니다. 거인의 어깨 위에 서서 세상을 바라보는 것 이상으로, 이제 거인의 어깨 위에서 무언가를 창조할 수 있는 때가 되었습니다.

결론적으로 우리는 이제 생성형 AI를 사용할 수 있어야 합니다. 정확히 말하면, 생성형 AI를 이용하여 또 다른 창작품을 인류사 위에 얹을 수 있어야 합니다. 나의 수학적 능력 개발을 위해 손으로 종이 위에 수학 문제를 풀더라도 복잡한 문제를 풀 때는 계산기와 컴퓨터를 사용하듯이, 우리는 생성형 AI를 이용하여 문제를 해결할 수 있는 능력을 가져야 합니다.

그러나 이러한 내용들은 단순한 체험으로는 익혀지지 않습니다. 단순히 불을 켜고 끄고, 몇 가지 조리 도구를 사용할 수 있다고 해서 요리를 할 수 있는 것이 아닌 것처럼요. 요리를 제대로 배우려면 여러 가지를 고려하는 상황 속에서 적당한 메뉴를 선택하고 미리 재료를 손질하여야 합니다. 또 정확한 레시피대로 조리하고 이를 그릇에 담아 내 완성하는 경험, 그리고 그것을 맛보았을 때의 기쁨을 느껴야 하지요. 이러한 경험이 다음에도 다른 요리를 할 수 있게 만드는 원동력이자 기반 지식이 됩니다.

그래서 우리는 이 책에도 공감적 몰입과 맥락, 그리고 적절하게 문제를 해결하는 경험을 제공하고자 합니다. 내 삶에 지식이 의미 있게 다가오도록 우리 생활 속 문제를 인식하고 정의하여, 해결하는 경험을 통해 원동력을 만들 것입니다.

요리에도 상황과 재료가 중요하듯 배우는 데도 원료가 필요합니다. 이 책에서는 그 원료로, 지식의 전승 방식이었던 이야기(Story)를 맥락 삼아 나아갑니다. 이야기가 가져다주는 강력한 공감과 몰입, 더불어 내 삶의 문제로 이어지는 서사를 경험해 봅시다. 그리고 새로운 시대의 적확한 문제 해결 방식, 즉 소프트웨어와 생성형 AI를 활용함으로써 새로운 문제에 도전할 수 있는 원동력으로 확장할 수 있습니다.

이 책을 만나는 여러분들은 디지털과 AI 세상을 새롭게 바라보기를 바랍니다. 문제 속에서 이슈를 소비하기보다 이를 앞장서 해결해 나가는 사람이 되기를 기대합니다. 더불어 AI와 디지털 기술이 더 이상 어려운 학문이 아니라, 흥미로운 도구이자 친구처럼 느껴지기를 바랍니다.

이 책이 미래를 꿈꾸고 탐구하는 여정에서 든든한 안내자가 되기를 기대하며, 모든 독자에게 작은 영감이 되기를 소망합니다. 그리고 함께 세상의 문제들을 해결해 나갑시다.

저자 일동

내용

1. 엔트리와 AI(인공지능)의 이해

2. 엔트리 AI with 생성형 AI

3. 엔트리 AI 모델 with 생성형 AI

1

엔트리와
AI(인공지능)의 이해

엔트리란?

엔트리는 학생들이 코딩을 쉽게 배울 수 있도록 만들어진 온라인 플랫폼이다. 엔트리를 활용하면 프로그래밍 언어를 몰라도 블록을 끌어서 연결하는 방식으로 쉽게 코딩을 할 수 있다. 마치 레고 블록을 조립하듯이 명령어 블록들을 순서대로 연결하면 그에 따라 캐릭터를 움직이거나 게임을 만들 수 있는 것이다.

[엔트리의 특징]

① 블록 코딩

엔트리에서는 복잡한 코드 대신, 다양한 명령어들이 적힌 블록들을 사용한다. 예를 들어, '앞으로 이동하기', '말하기', '반복하기' 같은 블록을 원하는 순서대로 연결하면 캐릭터가 그 명령을 따라 행동한다. 프로그래밍의 기본 개념을 이해하기 쉽게 제시하는 것이다.

② 다양한 형태의 프로그램

엔트리는 단순히 코딩을 배우는 것뿐만 아니라 자신만의 아이디어를 구현하는 데에도 유용하다. 게임, 애니메이션, 인터랙티브 스토리 등을 만들어서 창의력을 발휘할 수 있다.

③ 공유 프로젝트

엔트리에는 여러 가지 샘플 프로젝트가 있으며, 다른 사람들이 공유한 게임이나 애니메이션을 보고 어떻게 만들었는지 분석할 수 있다. 더 나아가 다른 사람의 프로젝트를 수정·발전시켜 나만의 프로젝트로 심화할 수 있다.

[엔트리의 장점]

1. 다양한 기기에서 사용할 수 있다. 엔트리는 웹 기반으로 컴퓨터, 크롬북, 태블릿 등 다양한 기기에서 실행할 수 있다.	**2. 커뮤니티 기능을 통해 공유할 수 있다.** 커뮤니티에 올라와 있는 여러 가지 작품을 즐기고 이를 리믹스하여 더 재미있는 작품을 만들어 낼 수 있다.
3. 다양한 하드웨어와 연결이 가능하다. 엔트리는 다양한 하드웨어(아두이노, 마이크로비트 등)와 연결을 지원하여 실제 현실에서 동작하는 심화 프로젝트를 할 수 있다.	**4. 다양한 인공지능 기능을 사용할 수 있다.** 엔트리는 다른 블록 프로그래밍에서 지원하지 않는 다양한 인공지능 기능을 내부에 직접 지원한다. 복잡한 절차 없이 인공지능 기능을 사용할 수 있는 것이 장점이다.

생성형 AI(인공지능)이란?

생성형 AI(인공지능)이란 컴퓨터가 새로운 것을 만들어 내는 기술을 의미한다. 마치 우리가 그림을 그리고 이야기를 쓰는 것처럼 AI도 스스로 그림을 그리거나 이야기를 쓸 수 있다. 생성형 AI의 반대는 판별형 AI이다. 판별형 AI는 기존의 사물을 인식하여 무엇인지 알아내거나 사람이 말하는 것을 듣고 문자로 바꿔 주기도 하며, 한 언어를 다른 언어로 번역하는 등의 역할을 한다. 생성형 AI는 이와는 다르게 기존의 데이터를 분석하는 것보다 새로운 콘텐츠를 만드는 데 초점을 맞춘 인공지능 분야이다.

[생성형 AI의 작동 방식]

생성형 AI는 다량의 데이터를 학습하여 데이터의 패턴과 특징을 파악한다. 이를 바탕으로 만드는 법(모델)을 학습하여 새로운 데이터를 만들 수 있는 능력을 갖춘 것이다. 이러한 능력이 갖춰지면 레고 블록을 쌓듯이 가진 정보를 적절하게 조합하여 새로운 것을 만들 수 있다. 우리가 쉽게 사용하는 생성형 AI 프로그램 또는 웹 사이트는 이러한 학습을 이전에 미리 해 둔 것이다.

[생성형 AI의 주요 원리]

생성형 AI는 데이터 원본을 이용한 학습으로 글쓰기, 그림 그리기, 코딩하기, 음악 만들기 등의 능력을 갖춰 다양한 분야에서 이용되고 있다. 생성형 AI의 원리는 크게 3가지 정도로 볼 수 있다.

먼저 첫 번째는 확산 모델(Diffusion)이다. 이 모델은 학습할 때 실제 학습할 사진 또는 그림에 조금씩 노이즈를 추가해 알아볼 수 없을 정도까지 만드는 것을 시도하며 학습한다. 그렇기 때문에 반대로 생성할 때는 알아볼 수 없는 정도에서 실제 사진에 가깝게 만들 수 있게 된다. 주로 그림을 그릴 때 많이 사용되는 방식이다.

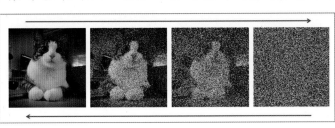

두 번째는 생성적 적대적 네트워크(GAN)라는 방식이다. GAN이라고 불리는 이 방식은 새로운 예시를 만드는 생성 AI와 생성된 콘텐츠를 구별하는 법을 배우는 판별 AI 두 개를 이어 붙인다. 생성 AI는 계속 생성을 하고 판별 AI는 실제 있는 콘텐츠인지 생성한 콘텐츠인지 구분한다. 계속된 힘겨루기 끝에 판별 AI가 구분을 하지 못하게 될 때까지 생성 AI가 계속 생성을 하면서 똑똑해지는 것이다.

세 번째는 트랜스포머(Transformer)의 방식이다. 트랜스포머는 단어나 문장과 같은 데이터에서 중요한 정보를 추출하고, 중요한 정보를 중심으로 출력 데이터를 생성하는 모델이다. 주로 언어 생성형 인공지능에서 많이 사용하며 우리가 자주 사용하는 챗GPT 역시 트랜스포머 기반으로 만들어진 모델이다.

[생성형 AI의 사용 분야]

생성형 AI는 무엇을 생성하느냐에 따라 텍스트 생성 AI, 이미지 생성 AI, 음악 생성 AI 등으로 부를 수 있다.

▷ 텍스트 생성: 트랜스포머를 이용한 챗GPT는 기사를 작성하거나, 소설을 쓰고, 대화를 할 수도 있으며 코딩을 해 줄 수 있다.

예) 뤼튼, 챗GPT

▷ 이미지 생성: 디자인, 광고 등 다양한 분야에서 사용할 수 있는 이미지를 생성할 수 있으며, 정교한 퀄리티로 그림을 만들 수 있다.

예) 캔바, 플레이그라운드, 스크루블리, 애니메이티드 드로잉, 달리(Dall-E)

▷ 음악 생성: 음악 작곡, 배경 음악 만들기, 오디오 효과 만들기 등에 사용할 수 있다.

예) 수노 AI, 구글 두들 바흐

▷ 비디오 생성: 움직이는 영상을 만들며 상상하는 다양한 비디오를 만들어 낼 수 있다.

예) 루마 드림머신, 이머시티 AI

[생성형 AI 사용의 주의할 점]

1. 비판적으로 활용하기
생성형 AI가 만든 콘텐츠는 오류가 있거나 잘못된 답변을 내놓을 수 있으므로 결과물을 맹목적으로 신뢰하지 말고 꼭 확인하도록 한다.

2. 윤리적 활용
생성형 AI가 만든 내용이 기존의 내용을 답습하여 표절 문제가 발생할 수 있으므로 이를 사용할 때에도 저작권 문제에 주의해야 한다.

3. 창의적 활용
생성형 AI는 나를 대체하는 것이 아닌 도와주는 것임을 인식하고, 생성형 AI의 결과물을 그대로 받아들이기보다 이를 재해석하고 변형하여 더 나은 결론을 만들 수 있어야 한다.

엔트리 메뉴 설명

entry	생각하기	만들기	공유하기	커뮤니티
엔트리 소개	엔트리 학습하기	작품 만들기	작품 공유하기	묻고 답하기
자주 하는 질문	교과서 실습하기	교과형 만들기	스터디 공유하기	노하우&팁
제안 및 건의		스터디 만들기		엔트리 이야기
다운로드				공지사항
교육 자료				탐험하기

① 생각하기

- 엔트리 학습하기: 정해진 학습 과정을 따라가면서 블록 코딩 방법을 배울 수 있다.
- 교과서 실습하기: 초등학교 실과에서 사용되는 프로그래밍 코드를 체험하고 학습할 수 있다.

② 만들기

- 작품 만들기: 기본적으로 프로그램을 제작할 수 있는 공간으로 가장 많이 사용하는 곳이다.
- 교과형 만들기: 제한된 기능만을 이용하여 프로그램을 만드는 곳으로 블록 개수가 적다.
- 스터디 만들기: 다른 사람이 만든 학습 과정을 따라가며 제작할 수 있다.

③ 공유하기

- 작품 공유하기: 엔트리 유저가 공유한 작품을 보고, 재사용하거나 내 작품을 공유할 수 있다.
- 스터디 공유하기: 정해진 스터디 과정에 따라 만든 작품을 공유할 수 있다.

④ 커뮤니티

- 묻고 답하기: 모르는 내용에 대해 질문하고 서로 답변할 수 있다.

- 노하우 & 팁: 사용자들이 작성한 노하우를 보고 배우거나 직접 노하우를 작성할 수 있다.

- 엔트리 이야기: 한 줄 정도로 엔트리에 관해 간단한 의견을 작성하거나 소소한 이야기를 나눌 수 있다.

- 공지 사항: 엔트리 운영에 관한 공지를 볼 수 있다.

- 탐험하기: 2D 메타버스를 기반으로 한 월드를 탐험하거나 제작할 수 있다.

1장

2장

3장

1. 엔트리와 AI(인공지능)의 이해

엔트리 가입하기

① 엔트리 사이트에서 로그인을 클릭한다.

② 하단의 [회원가입하기]를 클릭한다.

③ 이용 약관을 읽고 동의 후 [아이디로 회원 가입] 또는 [네이버·웨일 스페이스로
회원 가입] 중 선택한다.

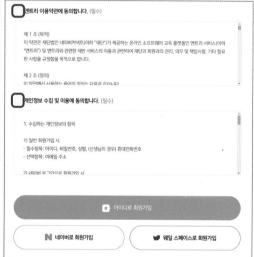

④ 선택한 절차에 따라 가입을 마무리한다.

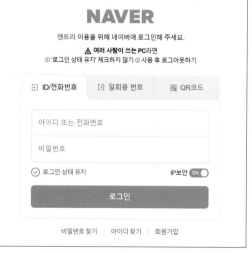

엔트리 블록코딩 기초 [작품 만들기]

① 상단 메뉴

프로그램 전반적인 제어를 위한 기능이 모여 있다. 이름을 정하거나 작품 불러오기, 작품 저장, 되돌리기 등이 가능하다.

② 실행 화면

코딩을 하고 하단의 [시작하기] 버튼을 누르면 내가 한 코딩대로 작품이 진행된다. 만약 화면에 필요한 오브젝트가 더 필요할 경우 [+ 오브젝트 추가하기] 버튼을 눌러 새로운 오브젝트를 추가할 수 있다.

[+ 오브젝트 추가하기] 에서 아주 다양한 캐릭터들과 배경들을 만날 수 있다. 필요한 것을 선택하고 우측 상단의 [추가하기] 버튼을 누르면 삽입된다.

③ 오브젝트 목록

추가한 오브젝트는 해당 창에서 확인할 수 있으며 오브젝트의 이름, 위치, 크기 등을 정할 수 있다.

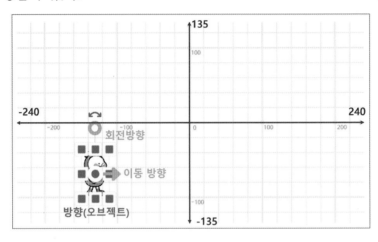

개념	설명
좌표	실행 화면 안에서의 절대적인 위치를 이야기하며 가로는 X축, 세로는 Y축으로는 표시한다. 만약 X:0, Y:0이라면 캐릭터의 정중앙(캐릭터 중앙의 파란 점)이 (0, 0)에 위치하게 된다.
방향	캐릭터가 보고 있는 방향을 이야기하며 기본 캐릭터는 오른쪽을 보고 있을 때 0도에 해당한다. 90도로 설정할 경우 시계 방향으로 90도만큼 돌게 된다.
이동 방향	이동 방향은 캐릭터가 움직이는 방향으로 `이동 방향으로 10 만큼 움직이기` 라고 했을 경우에 노란색 화살표 방향으로 움직이게 된다. 아래 두 개의 캐릭터는 이동 방향이 다르지만 '이동 방향'의 숫자는 90도로 동일하다. 왜냐하면 캐릭터를 기준으로 왼쪽 캐릭터 방향은 0도이며, 오른쪽 캐릭터 방향은 90도이기 때문이다.

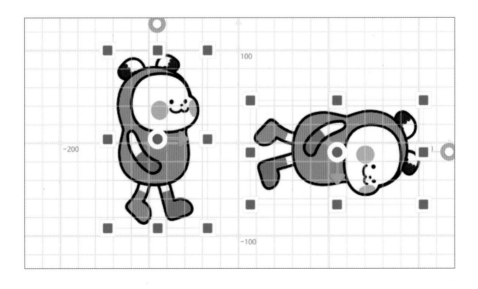

④ 블록 꾸러미

코딩에 필요한 블록을 모두 모아 두었다. 각 블록 카테고리를 미리 선택한 뒤,
필요한 블록을 드래그하여 블록 조립소로 가져가면 된다. 또한, 블록 외에도 오
브젝트의 모양, 소리, 속성을 조정할 수 있는 곳이기도 하다.

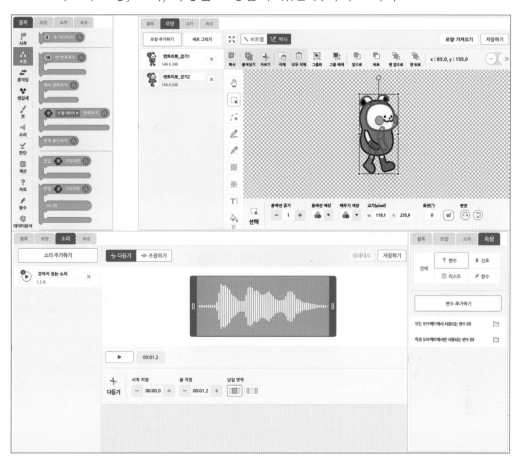

⑤ 블록 조립소

필요한 블록을 쌓아 코딩을 하는 곳이다. 자석처럼 블록을 붙이면 하나의 코드가 완성되며 시작 조건(예: 시작하기 버튼을 클릭했을 때)에 따라 코드가 실행된다. 프로그래밍 중 필요 없는 블록은 드래그 & 드랍으로 우측 하단 쓰레기통에 버릴 수 있다. 우측 상단에서는 블록을 확대·축소할 수 있다. 블록에서 오른쪽 버튼을 누르면 코드 복제하기, 복사하기, 삭제하기 등이 있어 필요한 경우에 따라 쉽게 사용할 수 있다.

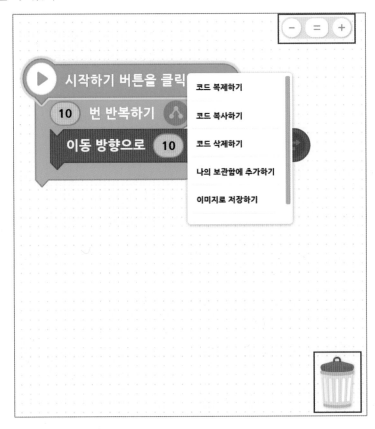

2

엔트리 AI
with 생성형 AI

2-1
하멜을 위한
조선어 번역기 만들기
(캔바)

1. 엔트리 AI 탐구하기

① AI 블록

번역
파파고를 이용하여 다른 언어로 번역할 수 있는 블록 모음입니다.

Powered by **NAVER**

네이버가 개발한 인공신경망 기반 번역 서비스 '파파고'를 활용해서 입력된 텍스트의 언어가 무엇인지 파악하거나, 입력한 언어를 다른 언어로 번역하는 블록의 모음이다.

한국어 ▼ 엔트리 을(를) 영어 ▼ (으)로 번역한 값

입력한 내용을 선택한 언어로 번역해 준다.
목록 상자(■▼)를 클릭하여 언어를 선택할 수 있다.

엔트리 의 언어

입력한 내용의 언어를 가져온다.

② 핵심 기능 콕콕!

▶ 시작하기 버튼을 클릭했을 때
한국어 ▼ 당신은 누구입니까? 을(를) 영어 ▼ (으)로 번역한 값 을(를) 2 초 동안 말하기 ▼

Who are you?

1. 번역을 원하는 말을 입력한다.
2. 말하기 블록에 결합한다.

▶ 시작하기 버튼을 클릭했을 때
i'm teacher 의 언어 을(를) 4 초 동안 말하기 ▼

영어

1. 감지하고 싶은 언어를 입력한다(인터넷 번역기를 활용해도 좋다).
2. 말하기 블록에 결합한다.

2. 스토리 만나기

이야기에 빠져 봐요

1653년 일본으로 향하던 네덜란드의 선원 하멜과 그의 동료들. 그러나 그들은 거대한 폭풍을 만나 제주도에 표류하게 되었고, 오랜 기간 조선에 머무르게 된다. 처음에는 제주도에 머물렀고, 이후 전라도와 서울로 이동했다. 그들은 조선의 여러 지역을 돌아다니며 다양한 사람들을 만나기 시작했다.

조선에서의 생활이 얼마나 낯설고 어려웠을지...! 언어도 통하지 않았고, 문화도 달랐다. 하멜에게 조선의 정치, 사회, 경제, 종교, 풍습 등을 알려주는 것이 어떨까?

Q. 하멜은 어떤 어려움을 겪었을까요?

Q. 하멜을 어떻게 도와줄 수 있을까요?

스토리텔링 미션

☆ 하멜을 위한 조선어 번역기 만들기
☆ 하멜에게 조선의 문화 소개해 주기

캐릭터	캐릭터의 할 일
	– 시작하면 말을 "~~~" 라고 한다. – 한국어로 번역한 대답을 한다.
코드 써보기	[시작하기] ~ 말하기 블록
	~ 캐릭터는 ~
코드 써보기	
	~ 캐릭터는 ~
코드 써보기	

3. AI로 스토리텔링 문제 해결하기

① [오브젝트 추가하기]를 눌러 하멜 오브젝트, 조선인 오브젝트, 원하는 배경을 선택한다. 조선에 표류하게 된 상황을 잘 드러낼 수 있는 화면을 디자인해 보자.

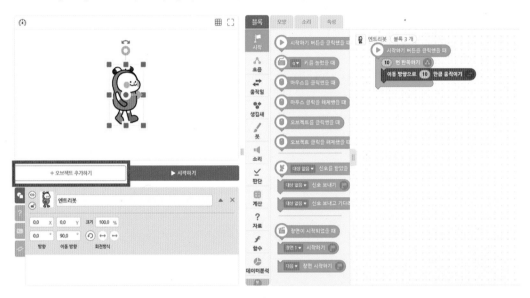

② ┃안녕! 을(를) 묻고 대답 기다리기┃ 블록을 이용하여 하멜에게 말하고 싶은 내용을 입력받는다. ┃안녕! 을(를) 묻고 대답 기다리기┃ 블록은 사용자의 입력값을 프로그램에 활용할 수 있도록 대답 창이 열린다는 점에서 일반적인 말하기 블록과 차이가 있다.

사용자가 입력한 값은 ┃대답┃ 값에 저장된다.

★ 블록 TIP

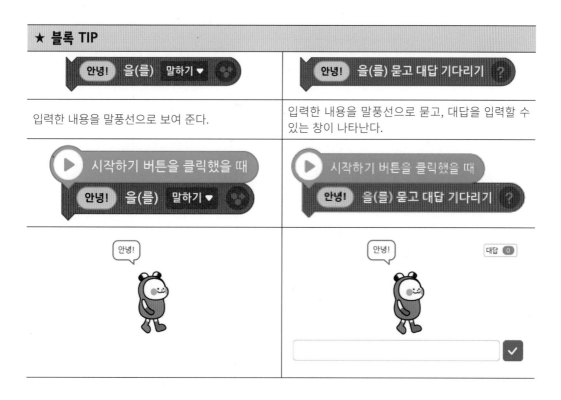

입력한 내용을 말풍선으로 보여 준다.	입력한 내용을 말풍선으로 묻고, 대답을 입력할 수 있는 창이 나타난다.

③ 사용자의 대답을 [한국어 ▼] [엔트리] 을(를) [영어 ▼] (으)로 번역한 값 에 넣는다.
정해진 말이 아닌 사용자가 대답한 말을 번역해 줄 것이다.

④ 위 내용을 반복하면 여러 번 이야기를 나눌 수 있는 번역기를 제작할 수 있다.

4. 생성형 AI로 업그레이드

① 다음 문제 해결을 위하여 장면을 추가해 보자. 그리고 그 장면으로 넘어가기 위한 버튼을 하나 삽입한다. 버튼 외에 원하는 오브젝트를 선택해도 좋다. 해당 오브젝트를 클릭하면 다음 장면으로 넘어가게 된다.

② 다음 장면의 배경을 직접 만들어 볼 것이다.

　장면 2에서 [오브젝트 추가하기]를 클릭 후 상단 4개 메뉴 중 두 번째 [파일 올리기]를 선택한다. 그러면 파일을 업로드할 수 있는 아이콘이 보인다.

생성형 AI 활용

[캔바]

캔바는 그림 그리기와 디자인을 쉽게 할 수 있는 플랫폼으로 교육적 활용도가 무궁무진하다. 카드, 포스터, 발표 자료 등을 효율적으로 만들 수 있도록 다양한 폰트와 개체, 기능 등을 지원하고 있어 창의적인 작품 제작에 활용할 수 있다. 13세 이상이라는 연령 제한이 있으나 교사가 교육용 계정을 인증하면 초등학생들도 사용 가능하다.

캔바에서 만든 디자인은 SNS나 웹사이트에 공유하는 등의 상업적 이용이 가능하지만 상표 등록 등의 행위는 금지되고 있다. 따라서 교육 활동에서의 활용은 자유로운 편이다.

❶ 캔바에서는 생성형 AI 기반 이미지 생성 기능 'Magic Media'를 지원하고 있다. 간단한 프롬프트를 입력하면 이미지를 생성해 주는 기능이다. 'Magic Media' 기능이 활성화되어 있지 않으면 앱 메뉴에서 검색하여 활성화할 수 있다.

❷ 원하는 이미지를 선택하여 마우스 우클릭-이미지를 배경으로 설정한다.

❸ 오른쪽 상단의 [공유] 버튼을 누르면 [다운로드]하여 이미지 파일로 저장할 수 있다.

③ 캔바에서 생성한 이미지를 오브젝트로 삽입한다. 본 장에서는 배경처럼 쓸 것이기 때문에 파란 점을 조절하여 크기를 확대하고, 자물쇠 표시를 클릭하여 잠금할 것을 추천한다. 자물쇠로 잠그게 되면 이미지가 더 이상 선택되거나 조절되지 않는다.

④ 하멜 오브젝트와 조선인 오브젝트를 추가하고, 첫 번째 장면처럼 번역을 할 수 있도록 코드를 만든다. 이때 유의할 것은 두 번째 장면에서 이루어지는 프로그램이기 때문에 장면이 시작되었을 때 블록을 이용하여야 한다는 것이다.

⑤ 이제 블록을 추가하여 하멜에게 우리 문화에 대해 자유롭게 소개해 주자.

\<장면 1\>

캐릭터	최종 코드
	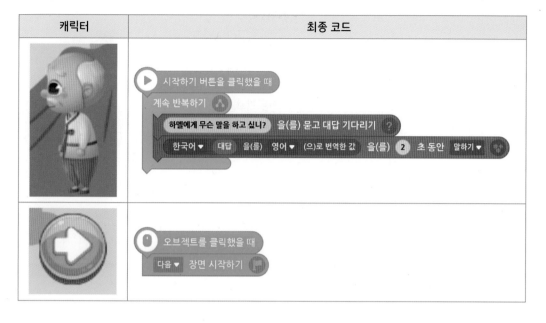

\<장면 2\>

캐릭터	최종 코드
	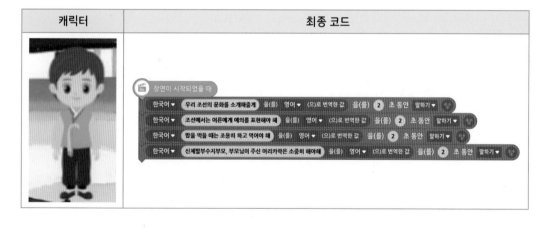

스토리텔링 확장하기

Q. 조선어 번역기가 있었다면 하멜은 어떤 도움을 받을 수 있었을까요?

Q. 새로 알게된 점, 느낀 점, 아쉬운 점, 더 발전시키고 싶은 점을 써 봅시다.

엔트리 프로그래밍

2-2
에코를 위한 마음을 읽어 주는 AI 새 만들기
(구글 두들 바흐)

1. 엔트리 AI 탐구하기

① AI 블록

네이버의 AI 플랫폼 '클로바'가 개발한 nVoice 음성 합성 기술을 이용한 기능으로, 인공지능이 합성한 다양한 목소리로 문장을 읽어 주는 블록이다. 목소리의 경우 특정 블록을 이용하여 톤, 속도, 높이 등을 조절할 수도 있다.

읽어주기
nVoice 음성합성 기술로 다양한 목소리로 문장을 읽는 블록모음 입니다. (한국어 엔진 지원)
Powered by **NAVER** CLOVA

| 엔트리 읽어주기 | 입력한 내용을 설정한 목소리로 읽는다. 읽기 시작하면 다음 블록이 바로 동작한다. |

| 엔트리 읽어주고 기다리기 | 입력한 내용을 설정한 목소리로 읽고, 다 읽으면 다음 블록이 동작한다. |

| 여성 ▼ 목소리를 보통 ▼ 속도 보통 ▼ 음높이로 설정하기 | 목록 상자(■▼)를 클릭하면 목소리의 톤과 속도, 음높이를 설정할 수 있다. |

② 핵심 기능 콕콕!

<말하기 블록>	<읽어주기 블록>

1. 화면의 말풍선을 통해 출력되기를 원하는 말을 입력한다. 2. 입력한 내용이 오브젝트의 말풍선을 통해 잘 출력되는지 확인해 보자.	1. AI가 문장을 읽어 줄 때의 목소리 톤, 속도, 음높이를 설정한다. 2. 스피커를 통해 출력되기를 원하는 말을 입력한다. 3. 입력한 내용이 스피커를 통해 잘 송출되는지 직접 듣고 확인해 보자.
	(말풍선이 등장하지 않지만, 스피커를 통해 '안녕, 좋은 하루 보내!'라는 말이 송출됨.)

2. 스토리 만나기

이야기에 빠져 봐요

숲과 샘의 님프인 에코는 아름다운 목소리를 가졌지만 엄청난 수다쟁이였다. 어느 날 에코는 자신의 친구와 제우스가 바람피우는 장면을 들키지 않도록 도우려고 헤라를 상대로 쉴 새 없이 떠들게 되었다. 화가 난 헤라는 에코에게 "앞으로 타인의 말밖에 따라 하지 못하게 될 것이다."라는 저주를 내려 버렸다.

헤라의 저주로 다른 사람의 말을 따라 하는 것밖에 할 수 없던 에코는 어느 날 인간 청년 나르시스를 보고 사랑에 빠졌지만, 저주로 인해 사랑 고백을 하지 못하고 그 슬픔을 견디지 못해 몸이 사라지고 목소리만 남았다고 한다. 나르시스 역시 복수의 여신 네메시스의 저주로 호수에 비친 자기 자신을 사랑하다가 호수에 빠져 죽었다고 한다. 나르시스에게 자신의 마음을 목소리로 표현할 수 없어 사랑을 이루지 못한 에코, 어떻게 하면 에코를 도와줄 수 있을까?

Q. 에코는 어떤 어려움을 겪었을까요?

Q. 에코를 어떻게 도와줄 수 있을까요?

스토리텔링 미션

☆ 에코를 위한 마음을 읽어 주는 AI 새 만들기
☆ 에코와 나르시스를 위한 결혼 행진곡 만들기

캐릭터	캐릭터의 할 일
	~ 캐릭터는 ~
코드 써보기	
	~ 캐릭터는 ~
코드 써보기	
	– 시작하면 '~'라고 묻고 대답을 기다린다.
코드 써보기	[시작하기] ~을 묻고 대답 기다리기 블록

3. AI로 스토리텔링 문제 해결하기

① [오브젝트 추가하기]를 이용하여 에코, 나르시스, 새 오브젝트와 원하는 배경을 추가해 보도록 하겠다.

② 안녕! 을(를) 묻고 대답 기다리기 블록을 이용하여 에코가 하고 싶은 말의 내용을 입력받는다. 안녕! 을(를) 묻고 대답 기다리기 블록은 사용자의 입력값을 프로그램에 활용할 수 있도록 대답 창이 열린다.

사용자가 입력한 값은 대답 값에 저장된다. '에코야, 나르시스에게 무슨 말을 하고 싶니?'라고 적어 보자.

③ 원하는 목소리의 톤, 속도, 음높이를 설정해도 좋다.

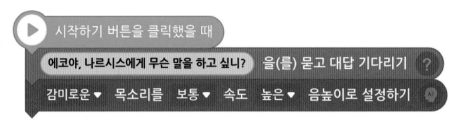

④ 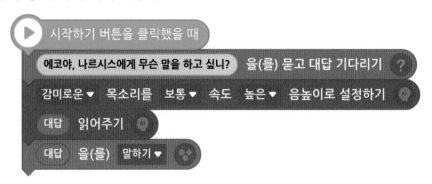 블록과 블록에 대답 블록을 넣어준 후 기존 블록 뭉치 뒤에 이어 보겠다.

⑤ 위 내용을 반복하면 하고 싶은 말을 이어서 할 수 있다. 단, 이 경우에는 블록이 아닌 블록을 이용해야 말풍선이 천천히 사라진다.

(스피커로 '나르시스, 사랑해요.'가 송출)

4. 생성형 AI로 업그레이드

① 생성형 AI로 작품을 업그레이드하기 위해 실행 화면 상단에 있는 [+]를 눌러
장면 2를 추가해 보도록 하겠다.

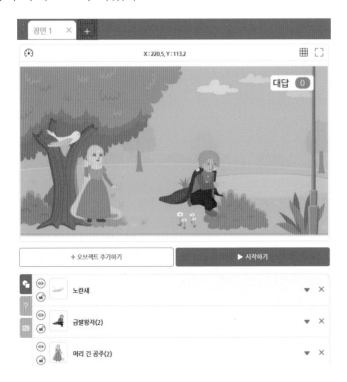

② 장면 2로 들어가 에코와 나르시스의 결혼식 장면을 꾸미기 위해 [오브젝트 추
가하기]를 클릭하여 배경과 오브젝트를 배치하자.

③ 이제 장면 1로 돌아와, 에코가 나르시스에게 5번 구애하면 자동으로 장면 2로
넘어가도록 블록을 수정해 보자. 기존에 새 오브젝트에 적용되었던
를 블록으로 교체한다.

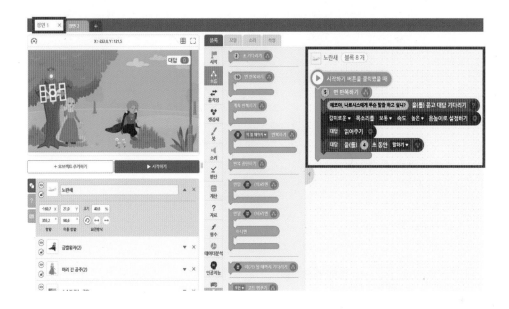

④ 5번 반복이 끝나면 장면 2로 넘어갈 수 있도록 [장면 2 ▼ 시작하기] 블록을 추가한
다. 블록을 추가했다면, 중간 점검 차원에서 [시작하기]를 눌러 장면 2로 잘 넘
어가는지 테스트해 보는 것은 어떨까?

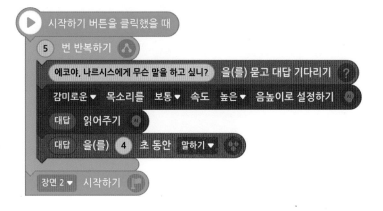

⑤ 이제 장면 2를 프로그래밍해 보자. 나르시스가 해야 할 대사를  블록의 빈칸에 입력하고 나르시스 오브젝트에 추가한다.

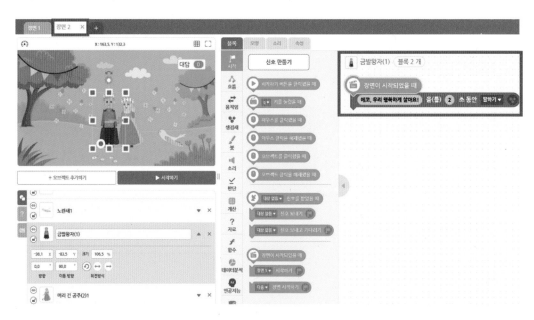

⑥ 새가 해야 할 대사를  블록과 ▸안녕! 을(를) ④ 초 동안 말하기▾ ◂ 블록의 빈칸에 입력한다. 이때 나르시스의 말이 끝나면 새의 말이 나올 수 있도록 ▸② 초 기다리기 블록을 위에 붙여 준다. 새로운 장면이 시작될 때는 대답 기능을 쓰지 않을 것이 므로 대답 창을 숨기고 싶다면 ▸대답 숨기기▾ ? ◂ 블록도 함께 붙여 주는 것은 어떨까?

⑦ 이제 에코와 나르시스의 결혼식 장면에 배경 음악을 직접 만들어 보자.

1장

2장

3장

2. 엔트리 AI with 생성형 AI

[구글 두들 바흐]

구글 두들 바흐는 구글이 작곡가 바흐의 탄생일 3월 21일을 기념하여 구글 두들로 제작한 AI 기반 악보 제작 플랫폼이다. 사용자가 악보에 음표를 추가하여 멜로디를 입력하면, 바흐가 작곡한 306편의 작품을 분석하여 사용자가 입력한 멜로디 패턴을 인식하고 화음을 만들어 바흐 스타일의 음악을 완성해 준다. 즉 AI가 바흐의 합창곡과 바흐의 패턴을 학습하여 자동으로 작곡하는 원리이다. 구글 두들 바흐는 따로 계정을 만들지 않아도 누구나 체험할 수 있고, 연령 제한 없이 전 연령 이용이 가능하다.

❶ 구글에서 '구글 두들 바흐'를 검색하면 'Celebrating Johann Sebastian Bach Doodle'이라는 이름의 사이트에 접속할 수 있다. 사이트에 접속하여 바흐 배너를 클릭하면 바로 서비스를 이용해 볼 수 있다.

Celebrating Johann Sebastian

❷ 악보 위에 음표를 찍은 후 'Harmonize' 버튼을 눌러 음악이 작곡될 때까지 기다린다.

❸ 곡이 완성되면 왼쪽 'MIDI' 버튼을 눌러 파일을 다운로드한다. 엔트리에서는 mp3 파일만 지원하므로 무료로 mid 파일을 mp3 파일로 변환해 주는 사이트에 접속하여 mp3 파일로 변환한다.

⑧ 구글 두들 바흐로 만든 '에코와 나르시스의 결혼식 음악'을 직접 장면 2에 넣어
　보자. 장면 2에 들어와 배경 오브젝트를 선택한 후 소리 탭에 들어가 [소리 추
　가하기]를 누른다.

⑨ 미리 저장해 둔 mp3 파일을 올려 추가하면 된다. 추가 후 다듬기를 끝내면 [저
　장하기] 버튼을 누른다.

⑩ 소리 탭에서 나와 블록 탭으로 돌아온다. 장면이 시작될 때 설정한 배경 음악이 나올 수 있도록 블록을 수정해 보자.

<장면 1>

캐릭터	최종 코드

<장면 2>

스토리텔링 확장하기

Q. 나의 마음을 대신 읽어 주는 AI 새가 있었다면 에코는 어떤 도움을 받을 수 있었을까요?
Q. 새로 알게된 점, 느낀 점, 아쉬운 점, 더 발전시키고 싶은 점을 써 봅시다.

1장

2장

3장

2. 엔트리 AI with 생성형 AI

엔트리 프로그래밍

2-3
아기 장수 우투리를 위한
AI 훈련장 만들기
(뤼튼-이미지 생성)

1. 엔트리 AI 탐구하기

① AI 블록

비디오 화면에 대한 설정을 조정하고, 비디오 화면에서 나타나는 움직임을 감지할 때 사용되는 블록의 모음이다. 비디오 감지 기능을 활용하는 사람 인식, 사물 인식, 손 인식, 얼굴 인식 블록 모음에 공통적으로 포함되어 있다.

■◢ 비디오 감지 [비디오 공통 블록]	비디오 화면 보이기 ▼ ◻️◄	카메라가 촬영하는 화면을 실행 화면에서 보이거나 숨긴다. 목록 상자(■▼)를 클릭하면 보일지 숨길지 선택할 수 있다.
	720p HD Camera (5959:1502) ▼ 카메라로 바꾸기 ◻️◄	비디오 화면을 촬영할 카메라를 선택한 카메라로 바꾼다. 목록 상자(■▼)를 클릭하여 기기에 연결된 카메라 목록 중 하나를 선택할 수 있다.
	카메라가 연결되었는가?	기기에 카메라가 연결되어 있다면 참으로, 아니라면 거짓으로 판단하는 블록이다.
	비디오 화면 좌우 ▼ 뒤집기 ◻️◄	비디오 화면을 실행 화면에서 좌우(가로) 또는 상하(세로)로 뒤집는다. 목록 상자(■▼)를 클릭하여 뒤집을 방향을 선택할 수 있다. 기본 화면은 거울을 보는 것처럼 좌우로 뒤집혀 있다.
	비디오 투명도 효과를 0 으로 정하기 ◻️◄	0%~100% 범위에서 입력한 숫자로 비디오 투명도 효과를 정한다. 이 블록을 사용하지 않으면 50%의 기본 투명도 효과가 적용된다.
	자신 ▼ 에서 감지한 움직임 ▼ 값	비디오 화면에서 오브젝트나 실행 화면이 감지한 움직임 정도를 가져오는 값 블록이다. 목록 상자(■▼)를 클릭하면 감지할 대상과 감지할 값을 선택할 수 있다.

카메라로 입력되는 이미지(영상)를 통해 사람의 신체를 인식하는 블록으로, 인공지능이 신체 각 부위의 위치를 인식하는 것을 체험해 볼 수 있다. 눈, 코, 입 등을 포함한 얼굴 부위부터 양 손가락 및 발끝까지 전신에 대한 인식이 가능하다.

사람 인식

카메라를 이용하여 사람의 신체를 인식하는 블록들의 모음입니다.

사람을 인식했을 때	사람을 인식했을 때 아래의 블록이 동작하며, 사람 인식을 시작하지 않았다면 블록이 동작하지 않는다.
사람 인식 시작하기 ▼	사람 인식을 시작하거나 중지한다. 사람을 인식하려면 꼭 이 블록을 사용해야 하며, 사람 인식이 시작되면 카메라로 비디오를 촬영한다. 목록 상자(▉▼)를 클릭하여 인식을 시작할지 중지할지 선택할 수 있다.
인식한 사람 보이기 ▼	인식한 사람을 실행 화면에서 보이거나 숨긴다. '보이기'를 선택하면 인식한 사람의 각 신체 부위를 점과 선의 형태로 표시한다. 목록 상자(▉▼)를 클릭하면 인식한 형태를 보일지 숨길지 고를 수 있다.
사람을 인식했는가?	사람을 인식했다면 참으로, 아니라면 거짓으로 판단하는 블록이다. 사람 인식을 시작하지 않았다면 항상 거짓으로 판단한다.
인식한 사람의 수	인식한 사람이 몇 명인지를 가져오는 값 블록이다. 최대 4명의 사람을 인식할 수 있다.
1 ▼ 번째의 사람의 코 ▼ (으)로 이동하기	오브젝트가 사람의 선택한 신체 부위로 이동한다. 목록 상자(▉▼)를 클릭하면 인식한 순서의 사람과 신체 부위를 선택할 수 있다.
2 초 동안 1 ▼ 번째의 사람의 코 ▼ (으)로 이동하기	입력한 시간 동안 오브젝트가 사람의 선택한 신체 부위로 이동한다.
1 ▼ 번째 사람의 코 ▼ 의 x ▼ 좌표	신체 부위의 x 또는 y 좌표를 가져오는 값 블록이다. 사람을 인식하지 않을 때는 0을 가져온다.

1장

2장

3장

2. 엔트리 AI with 생성형 AI

② 핵심 기능 콕콕!

시작하기 버튼을 클릭했을 때

사람 인식   시작하기 ▾

1. 사람 인식을 시작하고, 카메라가 촬영한 화면을 실행 화면에 나타낸다.

시작하기 버튼을 클릭했을 때

사람 인식   시작하기 ▾

인식한 사람   보이기 ▾

1. 사람 인식을 시작하고, 카메라가 촬영한 화면을 실행 화면에 나타낸다.
2. 인식한 사람의 신체 부위를 점과 선의 형태로 화면에 표시한다.

사람을 인식했을 때

계속 반복하기

1 ▾ 번째의 사람의   코 ▾ (으)로 이동하기

1. 사람을 인식했을 때 블록을 활용하여 사람을 인식했을 때, 아래의 블록을 동작하게 한다.
2. 인식한 사람의 지정된 신체 부위로 오브젝트를 이동시킨다.
3. 블록을 추가하여 오브젝트가 지정된 신체 부위를 계속 따라다니도록 만든다.

2. 스토리 만나기

이야기에 빠져 봐요

왕과 벼슬아치들이 백성들을 못살게 굴던 시절, 가난한 부부 사이에서 우투리라는 이름의 아이가 태어났다. 우투리는 조그만 날개가 있어 높은 곳에 혼자 올라갔고, 힘도 엄청나게 좋아서 장차 영웅이 될 아이로 불렸다. 자신의 자리를 잃을까 두려웠던 왕은 우투리를 잡아들이기 위해 군사를 보냈다.

이 사실을 미리 안 우투리는 어머니에게 콩 한 말을 볶아 달라고 부탁하고, 이를 엮어 갑옷을 만들어 입었다. 그리고 "혹시 제가 싸우다 죽으면 곡식과 함께 뒷산 바위 밑에 묻어 주고 3년 동안 묻힌 곳을 아무에게도 알려주지 마세요."라는 유언을 남긴 후, 군사들과 용감하게 맞서 싸웠다. 하지만 콩 딱 한 알이 모자라 비어 있던 왼쪽 겨드랑이 부분에 화살을 맞은 우투리는 결국 쓰러지고 말았다.

백성들은 슬퍼하고 왕은 안심하고 있던 어느 날 신비로운 소문이 하나 돌기 시작했는데, 바로 우투리가 죽지 않고 살아서 곡식을 병사로 만들고 스승과 함께 훈련하고 있다는 것이었다. 도대체 우투리에게 무슨 일이 일어나고 있는 걸까?

1장 2장 3장

2. 엔트리 AI with 생성형 AI

Q. 아기 장수 우투리가 왕의 위협을 이겨 내고 영웅이 되려면 어떤 능력을 길러야 할까요?

Q. 아기 장수 우투리를 어떻게 도와줄 수 있을까요?

스토리텔링 미션
☆ 아기 장수 우투리를 위한 AI 훈련장 만들기 ☆ 아기 장수 우투리에게 튼튼한 갑옷 선물해 주기

캐릭터	캐릭터의 할 일
	– 시작하면 비디오 화면이 보이고 사람을 인식한다.
코드 써보기	[시작하기] 사람 인식 시작하기 블록
	~ 캐릭터는~
코드 써보기	
	~ 캐릭터는~
코드 써보기	

3. AI로 스토리텔링 문제 해결하기

① [오브젝트 추가하기] 기능을 활용하여 우투리 오브젝트, 스승님 오브젝트, 어울리는 배경을 화면에 넣어 준다.

② 우투리의 능력치 향상을 눈으로 확인할 수 있도록 능력치 변수를 추가해 보자. 자료 카테고리의 [변수 만들기]를 클릭하면 원하는 변수를 만들 수 있다. 변수가 추가되면 실행 화면에서 변수가 보이고, 자료 카테고리에 변수 블록들이 나타난다.

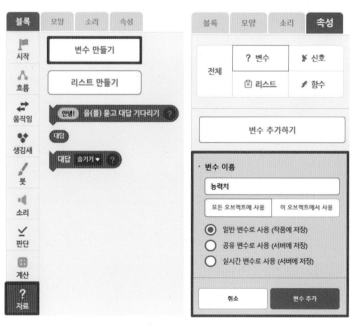

1장

2장

3장

2. 엔트리 AI with 생성형 AI

★ 블록 TIP

변수는 게임 점수, 운동 횟수처럼 계속해서 변하는 값을 저장하는 공간이다. 프로그램이 진행되는 동안 변하는 값은 변수를 추가하면 나타나는 변수▼ 값 블록에 저장된다.

변수▼ 에 10 만큼 더하기 ?	변수▼ 를 10 (으)로 정하기 ?
변수의 값에 입력한 값을 더해 주는 것으로, 이 블록을 반복하면 10, 20, 30으로 변수의 값이 계속해서 커진다.	변수의 값을 입력한 값으로 정해 주는 것으로, 이 블록을 반복하여도 변수의 값은 10 그대로다.

변수의 값에 10이 10번 더해져서 100이 된다.	변수의 값이 10으로 정해져서, 10번 반복해도 그대로 10이다.

③ 스승님과 우투리가 어떤 말을 할지 상상해 보고,
블록을 활용하여 대화 장면을 자유롭게 프로그래밍해 보자. 이때 아래 예시처럼
 블록을 붙여 주면 대사가 겹치는 것을 방지할 수 있다.

[스승님]

[우투리]

④ AI 훈련장에서 우투리가 훈련하는 모습을 표현하기 위해 장면 2를 추가한다. 화살표 오브젝트를 추가하여 클릭하면 장면 2로 넘어가도록 만들어보자.

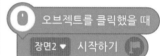

⑤ 장면 2로 넘어가 우투리 얼굴 오브젝트, 스승님 오브젝트, 글러브 오브젝트, 트레이닝콘 오브젝트를 추가한다. 장면 2에선 사용자가 직접 우투리가 되어 화면에 등장하고 훈련을 체험할 것이다. 그러므로 비디오 화면이 가려지지 않도록 배경은 넣지 말자.

글러브 오브젝트를 추가할 때 모양 탭에서 오른손, 왼손 각각에 맞는 글러브 모양을 선택할 수 있다.

⑥ [안녕! 을(를) 4 초 동안 말하기▼] 블록과 [모양 숨기기] 블록을 이용하여 장면 2가 시작되었을 때, 스승님이 훈련 방법을 안내하고 모습을 감추도록 만든다.

⑦ 안내가 끝나면 훈련이 시작되도록 훈련 시작 신호를 만들고, [훈련 시작 ▾ 신호 보내기] 블록을 추가해 보자. 시작 카테고리의 [신호 만들기]를 클릭하면 원하는 신호를 만들 수 있다.

★ 블록 TIP

신호는 오브젝트들이 서로 영향을 주고받을 수 있도록 만들어 주는 소통 도구이다. 사람이 리모컨으로 신호를 보내면 TV가 켜지듯, 한 오브젝트가 신호를 보낼 때 이 신호를 받은 오브젝트는 특정한 결과를 출력한다.

[신호 ▾ 신호 보내기] 신호를 보낸다.

[신호 ▾ 신호를 받았을 때] 신호를 받으면 아래의 블록을 동작하게 한다.

[신호 ▾ 신호 보내고 기다리기] 신호를 보내고, 신호를 받은 모든 블록의 실행이 끝날 때까지 기다린 후 다음 블록을 동작하게 한다.

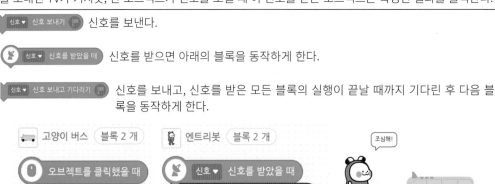

위 예시를 보면 신호를 통해 두 오브젝트가 상호작용하는 모습을 확인할 수 있다. 고양이 버스 오브젝트를 클릭하면 신호가 보내지고, 신호를 받은 엔트리봇 오브젝트는 입력한 대사를 말한다.

⑧ 훈련이 시작되었을 때, 사람 인식을 시작하도록 프로그래밍해 보자.

⑨ 사람을 인식했을 때 우투리 얼굴 오브젝트와 글러브 오브젝트가 알맞은 신체 부위로 이동할 수 있도록 블록을 추가한다.

[우투리 얼굴]

[글러브]

⑩ 블록을 활용하면 훈련이 진행되는 동안 각 오브젝트가 지정된 신체 부위를 계속해서 따라다니도록 만들 수 있다.

[우투리 얼굴]

[글러브]

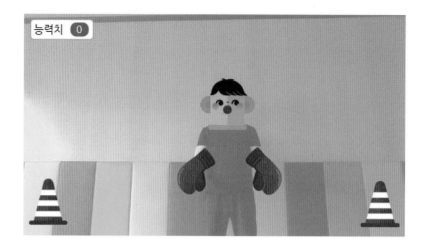

⑪ 글러브가 왼쪽 또는 오른쪽 트레이닝콘에 닿을 때 능력치가 올라갈 수 있도록 선택 구조를 프로그래밍해 보자. 여기서 **선택 구조란 주어진 조건에 따라 특정한 결과를 출력시키는 구조로, 흐름 카테고리의** ⬛⬛⬛ **블록 또는** ⬛⬛⬛ **블록을 활용하여 제작할 수 있다.** 해당 장면에선 트레이닝콘에 닿은 경우에만 동작하도록 ⬛⬛⬛ 블록을 활용하고, ⬛마우스포인터 ▼ 에 닿았는가?⬛ 블록과 ⬛참 또는▼ 거짓⬛ 블록을 결합하여 선택의 조건을 만들어 준다.

> 🎤 훈련 시작 ▼ 신호를 받았을 때
> 만일 ⟨ 트레이닝콘 ▼ 에 닿았는가? ⟩ 또는 ▼ ⟨ 트레이닝콘1 ▼ 에 닿았는가? ⟩ (이)라면 ⌃

⑫ ⬛능력치 ▼ 에 10 만큼 더하기 ?⬛ 블록을 선택 구조에 넣어 글러브가 왼쪽 또는 오른쪽 트레이닝콘에 닿을 때 우투리의 능력치가 올라가도록 만들어 보자. ⬛소리 호루라기 ▼ 재생하기 🔊⬛ 블록을 추가하면 능력치가 올라가는 것을 실감나게 표현할 수 있다. 이때 소리 탭의 [소리 추가하기]에 들어가면 재생할 소리를 추가하는 것이 가능하다. 효과음으로 어울리는 소리를 선택한 후 [추가하기]를 클릭한다.

> 🎤 훈련 시작 ▼ 신호를 받았을 때
> 만일 ⟨ 트레이닝콘 ▼ 에 닿았는가? ⟩ 또는 ▼ ⟨ 트레이닝콘1 ▼ 에 닿았는가? ⟩ (이)라면 ⌃
> 능력치 ▼ 에 1 만큼 더하기 ?
> 소리 호루라기 ▼ 재생하기 🔊

⑬ 글러브가 트레이닝콘에 닿아 있는 동안 능력치가 무한대로 올라가는 현상을 막기 위해 ◀참 (이)가 아니다▶ 블록과 ◀참 이(가) 될 때까지 기다리기▶ 블록을 활용할 것이다. 이 블록들이 추가되면 글러브가 트레이닝콘에서 떨어졌다가 다시 닿기 전까진 능력치가 중복되어 올라가지 않는다.

⑭ 훈련이 진행되는 동안 능력치가 계속해서 오를 수 있도록 [계속 반복하기] 블록을 추가해 주자. 완성된 블록 뭉치는 왼쪽 오른쪽 글러브 각각에 공통적으로 프로그래밍되어야 한다. 먼저 한쪽 글러브에 프로그래밍한 후 마우스 우클릭 - [코드 복사하기] - [붙여넣기] 기능을 차례로 이용하면 손쉬운 작업이 가능하다.

훈련 시작 신호를 받았을 때
계속 반복하기
만일 트레이닝콘 에 닿았는가? 또는 트레이닝콘1 에 닿았는가? (이)라면
능력치 에 1 만큼 더하기
소리 호루라기 재생하기
트레이닝콘 에 닿았는가? 또는 트레이닝콘1 에 닿았는가? (이)가 아니다 이(가) 될 때까지 기다리기

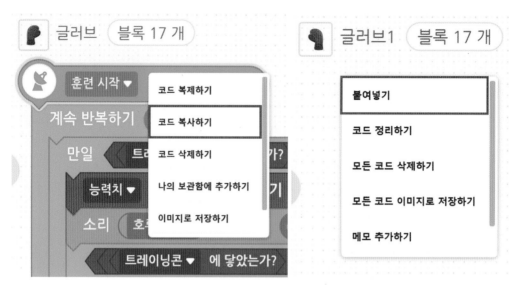

⑮ 이제 스승님 오브젝트를 클릭하고, 훈련 종료 규칙을 프로그래밍할 것이다. 능력치 ▼ 값 블록과 10 > 10 블록을 결합한 후, 만일 참 (이)라면 블록에 넣어 '능력치 10 이상'이라는 조건이 참일 때만 특정 결과가 출력되는 선택 구조를 만들어 준다. 이때 훈련 종료 규칙은 훈련 상황 내내 계속 적용되는 규칙이므로 계속 반복하기 블록 안에 선택 구조를 넣어 주자.

⑯  블록과 블록을 선택 구조 안에 넣어 우투리의 능력치가 10 이상이 되었을 때 스승님이 모습을 다시 드러내고 훈련 종료를 알리도록 만들어 준다.

4. 생성형 AI로 업그레이드

① 장면 3을 추가해서 훈련을 마친 우투리가 백성들의 영웅으로 변신하여 길을 나서는 모습을 표현해 보자. 그리고 훈련이 종료되면 자동으로 장면 3으로 넘어가도록  블록을 추가한다.

② 장면 3으로 넘어와 우투리 오브젝트와 원하는 배경을 추가한 후, 우투리가 입을 갑옷을 직접 만들어 보자. 우투리 오브젝트를 클릭하고, 모양 탭의 [모양 추가하기]에 들어간다.

③ [파일 올리기]를 클릭하면 직접 만든 이미지 파일을 업로드할 수 있다. 업로드가 완료된 후 [추가하기]를 클릭하면 모양 목록에 이미지가 추가된다.

생성형 AI 활용

[뤼튼]

뤼튼은 챗GPT와 비슷한 텍스트 기반 생성형 AI이며, 자연어 처리를 바탕으로 AI 검색, AI 이미지, AI 과제와 업무 등의 기능을 제공한다. 한국어에 특화되어 있어 영어를 잘 몰라도 쉽게 활용 가능한 것이 큰 장점이다. 14세 미만의 어린이는 법정 대리인의 동의하에 회원 가입 후 사용할 수 있다.

뤼튼에서 생성한 이미지는 개인적, 상업적 용도로 자유롭게 활용 가능하다. 단, 데이터 학습의 결과로 생성된 이미지는 기존 작품과 유사한 경우가 발생할 수 있으므로 상업적으로 활용 시 이 점을 주의해야 한다.

기능	설명
🔍 AI 검색	요약 정리된 실시간 정보를 빠르게 받아볼 수 있다. 답변의 출처를 제공하므로 정보의 사실 여부 검증이 가능하다.
🖼 AI 이미지	간단한 텍스트를 입력하면 원하는 이미지가 생성된다. 프롬프트를 추가 입력하여 이미지를 수정하는 것이 가능하며, 생성한 이미지를 다운로드할 수 있다.
📝 AI 과제와 업무	아이디어 구상, 글 작성, 자료 분석, 문서 요약 등 복잡한 작업을 편리하게 처리할 수 있다. 문서 또는 이미지를 첨부하여 분석을 요청하는 것도 가능하다.

❶ 뤼튼(https://wrtn.ai)에 접속한 후, 기능 선택 메뉴에서 [AI 이미지]를 선택한다.

저작권 없는 무료 이미지

❷ 입력 창에 이미지 생성을 위한 프롬프트를 입력하고, 생성 버튼을 클릭해 보자. 잠시 기다리면 원하는 이미지가 생성될 것이다.

저작권 없는 무료 이미지

 ∨ | 날개가 달린 튼튼한 전신 갑옷 이미지를 흰 배경에 그려줘 |

❸ 이미지가 마음에 들지 않는다면 프롬프트를 추가 입력하여 수정하거나, 재생성 버튼을 활용해 보자. 완성된 이미지는 마우스를 가져다 댈 때 나타나는 버튼을 클릭하여 다운로드할 수 있다.

✳ 답변

이미지를 다음과 같이 그려봤어요!

❹ 이미지의 배경을 제거하고 싶다면 remove.bg 웹사이트(https://www.remove.bg/ko)를 이용해 보자. remove.bg는 계정이 없어도 무료로 이미지의 배경을 제거해 준다. 배경 제거가 완료되면 파일을 다운로드할 수 있다.

④ 뤼튼으로 생성한 갑옷 이미지를 추가하고, 우투리 오브젝트의 모양 목록에 갑옷 이미지가 잘 들어가 있는지 확인한다. 오브젝트는 모양 목록 중 선택한 형태로 실행 화면에 나타나게 될 것이다.

⑤ 장면 3이 처음 시작되었을 때 우투리는 갑옷을 입지 않고 등장할 것이다. 소년(1)_1 모양으로 바꾸기 블록을 추가하고, 목록 상자(▼)를 클릭하여 우투리 오브젝트의 모양 목록 중 기본 모양의 이름을 선택해 준다.

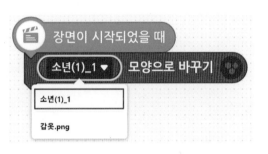

⑥ 안녕! 을(를) 4 초 동안 말하기▼ 블록을 활용하여 우투리가 변신하기 전 각오를 다지는 장면을 자유롭게 프로그래밍해 보자.

⑦ 이제 우투리를 갑옷 입은 영웅으로 변신시켜 줄 시간이다.  블록을 추가하고, 갑옷 모양의 이름을 선택하여 우투리의 모양을 바꿔 준다.

⑧ 사람 인식 블록을 추가하면 사용자가 직접 우투리가 되어 길을 나설 수 있다.

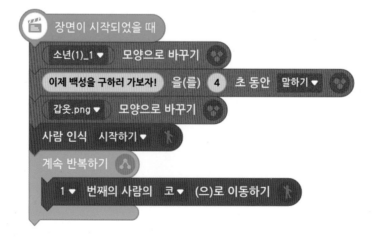

<장면 1>

캐릭터	최종 코드
	▶ 시작하기 버튼을 클릭했을 때 지금부터 훈련을 시작합니다! 을(를) 4 초 동안 말하기 ▼
	▶ 시작하기 버튼을 클릭했을 때 4 초 기다리기 감사합니다. 스승님! 을(를) 4 초 동안 말하기 ▼
	오브젝트를 클릭했을 때 장면2 ▼ 시작하기

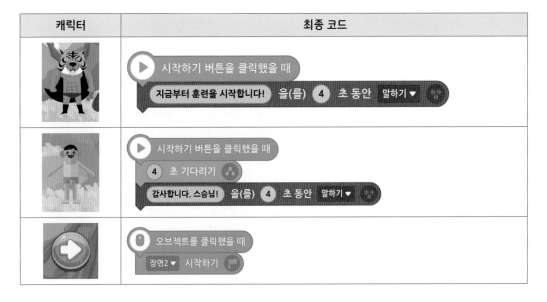

<장면 2>

캐릭터	최종 코드
	장면이 시작되었을 때 저와 같은 위치에 서세요. 을(를) 4 초 동안 말하기 ▼ 사이드스텝으로 움직이며 양쪽 트레이닝콘을 번갈아 터치합니다. 10회 시작! 을(를) 4 초 동안 말하기 ▼ 모양 숨기기 훈련 시작 ▼ 신호 보내기 훈련 시작 ▼ 신호를 받았을 때 계속 반복하기 　만일 능력치 ▼ 값 10 (이)라면 　　모양 보이기 　　훈련 종료! 을(를) 4 초 동안 말하기 ▼ 　　다음 ▼ 장면 시작하기
	훈련 시작 ▼ 신호를 받았을 때 사람 인식 시작하기 사람을 인식했을 때 계속 반복하기 　1 ▼ 번째의 사람의 코 ▼ (으)로 이동하기

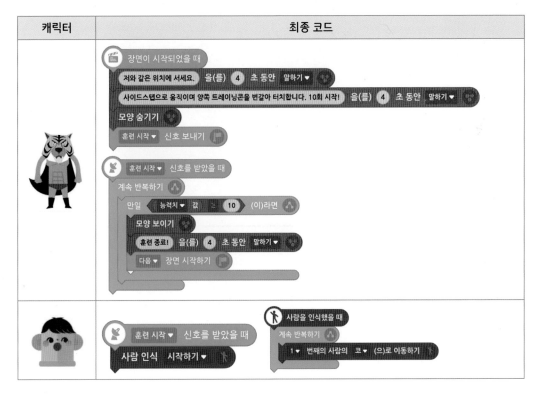

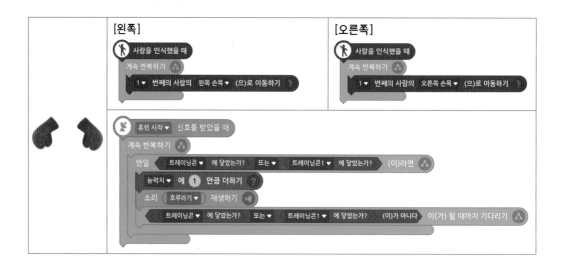

<장면 3>

캐릭터	최종 코드
(우투리) (갑옷 입은 우투리)	

스토리텔링 확장하기

Q. AI 훈련장에서 스승님과 열심히 훈련한 아기 장수 우투리는 백성들을 위해 어떤 일을 했을까요?

Q. 새로 알게된 점, 느낀 점, 아쉬운 점, 더 발전시키고 싶은 점을 써 봅시다.

1장

2장

3장

2. 엔트리 AI with 생성형 AI

엔트리 프로그래밍

2-4

쥐 가족을 위한 고양이 경보기 만들기
(플레이그라운드)

1. 엔트리 AI 탐구하기

① AI 블록

사물 인식

카메라를 이용하여 사물을 인식하는 블록들의 모음입니다.

인공지능이 사물을 인식하는 것을 간단히 경험해 볼 수 있는 블록으로 사람, 탈것, 동물, 일상생활 물건 등 총 80여 개의 다양한 사물들을 인식할 수 있다. 카메라로 입력되는 이미지(영상)를 통해 사물을 인식하므로 카메라 연결이 꼭 필요하고 데스크톱의 경우 별도의 웹캠을 연결해야 한다.

사물을 인식했을 때	사물을 인식했을 때 아래의 블록이 동작한다.
사물 인식 시작하기 ▼	사물 인식을 시작하거나 중지한다.
인식한 사물 보이기 ▼	인식한 사물을 실행 화면에서 보이거나 숨긴다. '보이기'를 선택하면 화면상에 인식한 사물 주위로 사각형이 씌워지면서 사물의 이름이 나타난다.
사물을 인식했는가?	사물을 인식했다면 참으로, 아니라면 거짓으로 판단하는 블록이다. 사물 인식을 시작하지 않았다면 항상 거짓으로 판단한다.
인식한 사물의 수	인식한 사물이 몇 개인지를 가져오는 값 블록이다. 최대 3개의 사물을 인식할 수 있다.
사물 중 자전거 ▼ 을(를) 인식했는가?	선택한 사물을 인식했다면 참으로, 아니라면 거짓으로 판단하는 블록이다.

② 핵심 기능 콕콕!

> ▶ 시작하기 버튼을 클릭했을 때
> 사물 인식 시작하기 ▼ ⚽

1. ▶ 시작하기 버튼을 클릭했을 때 블록에 사물 인식 시작하기 ▼ ⚽ 블록을 추가한 후 목록 상자(▼)의 [시작하기]를 클릭하여 비디오 화면을 보이게 한다.
2. [시작하기] 버튼을 눌러 카메라에 잡힌 모습이 화면에 나타나는지 확인한다.

> ⚽ 사물을 인식했을 때
> 만일 사물 중 소파 ▼ 을(를) 인식했는가? (이)라면 ◇
>   소파 을(를) 말하기 ▼ ⚽

1. ⚽ 사물을 인식했을 때 블록을 추가한다.
2. 사물 중 소파 ▼ 을(를) 인식했는가? 블록을 추가한 후 목록 상자의 [소파]를 클릭하여 사물 중 소파를 인식하게 한다. 해당 블록을 만일 ◇ (이)라면 ◇ 블록에 결합한다.
3. 소파를 인식하면 오브젝트가 인식한 사물을 말할 수 있도록 소파 을(를) 말하기 ▼ ⚽ 블록을 추가한 후 내용에 '소파'를 입력한다.

2. 스토리 만나기

이야기에 빠져 봐요

어느 마을에 아흔아홉 마리의 쥐 가족이 평화롭게 살고 있었다. 그러던 어느 날, 이곳에 고양이가 나타나 눈 깜짝할 사이에 쥐 한 마리를 잡아먹어 버렸다. 고양이를 피해 숨어 있던 쥐 가족은 창고의 먹이가 점차 줄어들자 고민에 빠지기 시작했다. 먹이를 구하러 밖으로 나가는 쥐들이 고양이에게 잡아먹혔기 때문이다.

더는 참을 수 없었던 쥐들은 다 같이 모여 회의를 열었다. 어떻게 해야 고양이를 피해 먹이를 구할 수 있을지 회의를 하던 중, 한 쥐가 고양이 목에 방울을 달자는 의견을 냈다. 방울 소리가 나면 고양이를 피해 재빠르게 피하자는 이야기였다. 그러나 고양이 목에 방울을 달 쥐를 정하기로 하자, 목숨을 걸고 방울을 달고 오겠다고 하는 쥐가 아무도 없었다. 고양이 목에 방울을 달지 못한 쥐 가족이 살아남을 수 있도록 무엇을 도와주면 좋을까?

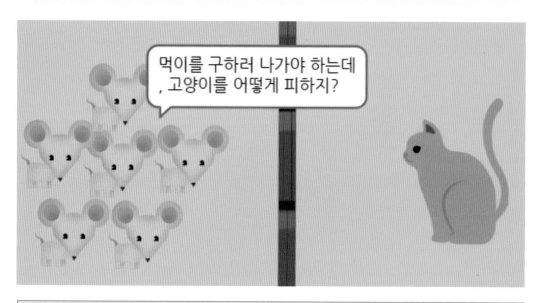

Q. 쥐 가족은 어떤 어려움을 겪었을까요?

Q. 쥐 가족을 어떻게 도와줄 수 있을까요?

스토리텔링 미션
☆ 쥐 가족을 위한 고양이 경보기 만들기 ☆ 고양이의 천적 강아지 불러오기

캐릭터	캐릭터의 할 일
	~ 캐릭터는 ~
코드 써보기	
	~ 캐릭터는 ~
코드 써보기	
	– 시작하면 사물 인식하기
코드 써보기	[시작하기] 사물 인식 시작하기 블록

3. AI로 스토리텔링 문제 해결하기

① [오브젝트 추가하기]를 이용하여 쥐, 고양이 오브젝트와 원하는 배경을 선택한다.
쥐 가족의 경우 쥐 오브젝트 하나를 가져온 후 복제하는 방법을 이용하면 편리하다.

② ![블록] 블록을 이용하여 쥐와 고양이가 하고 싶은 말을 적는
다. 쥐와 고양이가 대화를 나누는 장면에서는 반드시 아래의 예시처럼 대사를
적지 않아도 된다. 작품의 재미를 더하기 위해 자신이 적고 싶은 대사를 자유롭
게 입력하여 자유도를 높여 보는 것은 어떨까?

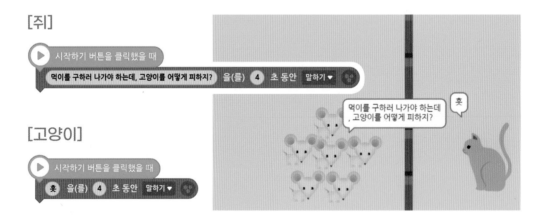

③ 고양이 경보기로 문제가 해결되는 모습을 표현하기 위해 화면 상단에 있는 [+]를 눌러 장면 2를 새롭게 추가해 보자. 그리고 장면 1에서 장면 2로 넘어갈 때 자연스러운 전환이 될 수 있도록 SOS 역할을 해 줄 오브젝트를 배치한다.

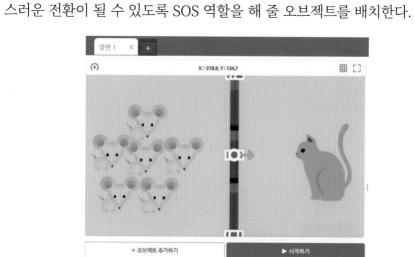

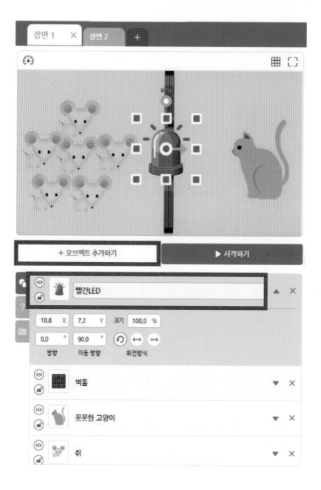

④ SOS 역할의 오브젝트는 4초간의 쥐와 고양이의 대화가 끝나면 등장할 수 있도록 블록을 추가한다. 또 등장한 후에는 SOS를 원하는지 묻고 대답을 기다리도록 블록을 추가해 보자.

⑤ 이제 이용자의 대답에 따라 전개되는 상황이 달라지도록 프로그래밍을 해보면 어떨까? 우선 [만일 참 (이)라면], [10 = 10], [대답] 블록을 추가해 보자. 첫 번째로 이용자가 '네'라고 대답했을 경우에는 장면 2로 넘어가도록 해 보자. 선택 구조에 관한 설명은 2-3부에서 자세히 하고 있으니 참고하면 된다.

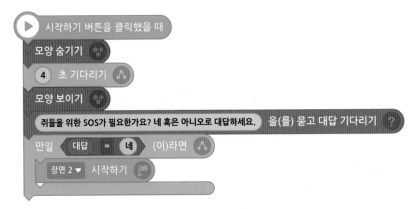

⑥ 두 번째로 이용자가 '아니오'라고 대답했을 경우에는 쥐들이 슬퍼하는 모습을 표현해 보자. 아래의 블록 예시처럼 슬퍼하는 대사와 훌쩍이는 소리를 추가하여 재생해도 좋다. 이 외에도 자신의 아이디어를 담아 작품에 재미를 추가할 수 있는 방향으로 자유롭게 프로그래밍해 보면 어떨까?

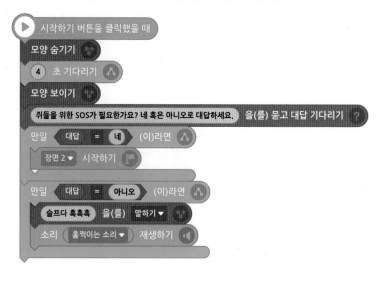

⑦ 이제 장면 2로 넘어가 쥐들의 문제를 사물 인식 기능으로 해결해 보자. 로봇 쥐 오브젝트와 원하는 배경을 추가한다. 배경에 해당하는 마룻바닥 오브젝트의 경우 카메라 화면이 가려지지 않도록 하단에 배치해 보자. 배경 오브젝트는 기본적으로 자물쇠가 잠겨서 추가되니 움직이려면 자물쇠를 잠금 해제해야 한다.

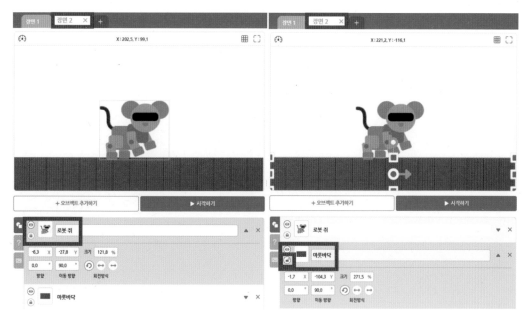

⑧ 이제 사물 인식이 시작될 수 있도록 블록을 추가해 보자.

⑨  블록과 ◁사물 중 자전거 ▼ 을(를) 인식했는가?▷ 블록을 이용하여 고양이를 인식한 경우를 설정한다.

⑩ 고양이를 인식하면 고양이가 나타났다고 말하고 호루라기 소리를 재생하도록 블록을 추가한다.

⑪ 만약 사람을 인식하면 사람이 나타났다고 말하고 박수갈채 소리를 재생하도록 블록을 추가한다.

⑫ 블록을 추가하여 비디오 화면에 사물이 보일 때마다 반응할 수 있도록 해 준다.

(스피커로 호루라기 소리 송출)

(스피커로 박수갈채 소리 송출)

4. 생성형 AI로 업그레이드

① 다음 문제 해결을 위하여 고양이의 천적인 강아지의 그림을 직접 추가해 보자.
로봇 쥐 오브젝트를 클릭한 후 모양 탭의 [모양 추가하기]를 클릭한다.

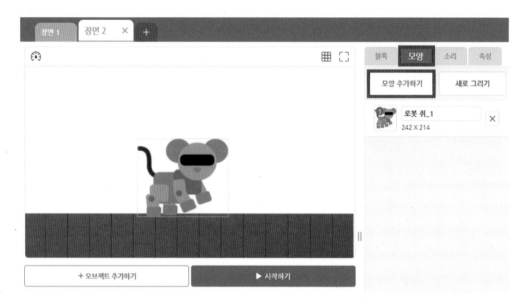

② [파일 올리기] 버튼을 클릭하여 파일을 직접 추가한다. 파일이 업로드된 후에는
[추가하기] 버튼을 누른다.

생성형 AI 활용

[플레이그라운드]

Playground AI는 챗GPT를 개발한 미국의 인공지능 연구소 오픈AI(OpenAI)의 이미지 생성형 AI 플랫폼이다. 프롬프트에 원하는 이미지에 대한 내용을 텍스트로 입력하면, 최첨단 AI 모델을 사용하여 몇 초 만에 독특하고 매력적인 아트 그림을 얻을 수 있다. 또한, 광고나 복잡한 설정 없이 매우 사실적인 고해상도의 사진과 이미지를 제공하기 때문에 어디서든 쉽게 이미지를 생성해 낼 수 있다는 장점이 있다. 참고로 Playground AI는 13세 미만일 경우 보호자 동의를 받으면 사용이 가능하다.

❶ 구글에서 'Playground AI'를 검색하면 'Playground AI'라는 이름의 사이트에 접속할 수 있다. 'Free AI Image Generator' 버전으로 들어가야 한다. 사이트에 접속하면 오른쪽 상단 [Log In] 버튼을 눌러 무료로 이용해 볼 수 있다.

❷ 구글 계정으로 로그인하면 생성기 화면을 만나 볼 수 있다.

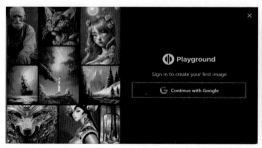

❸ 텍스트 입력 칸에 원하는 이미지에 대한 설명을 작성하고 [Create] 버튼을 누르면 몇 초 만에 생성된 이미지를 확인할 수 있다.

❹ 이미지 왼쪽 상단에 위치한 다운로드 아이콘을 눌러 이미지 파일을 다운로드한다.

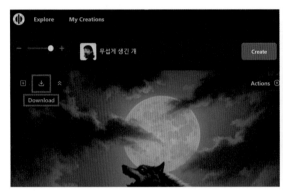 

③ 로봇 쥐 오브젝트에 내가 직접 추가한 개의 그림이 들어가 있는 것을 확인한다. 모양의 이름이 너무 길다면 수정해도 좋다.

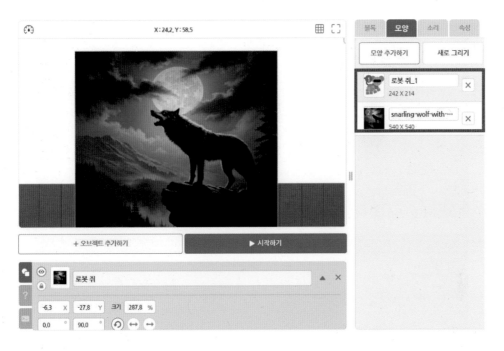

④ 블록 메뉴로 돌아와 고양이가 나타나면 로봇 쥐가 개로 변신할 수 있도록 무서운 개▼ 모양으로 바꾸기 블록을 추가한다. 또한, 좀 더 실감 나는 연출을 만들기 위해 호루라기 소리를 강아지 짖는 소리로 바꿀 수 있다.

⑤ 사람을 인식했을 때 일어날 일들도 재미있는 아이디어로 추가해 보면 어떨까? 앞서 사용한 Playground AI를 이용하여, 사람을 인식할 경우 춤추는 쥐가 나타날 수 있도록 이미지를 생성하고 모양을 추가해 보자.

⑥ 사람을 인식했다면 춤추는 쥐 모양이 나올 수 있도록 블록을 추가해 본다.

⑦ 마지막으로 장면이 시작될 때는 개가 아닌 로봇 쥐가 등장할 수 있도록

[장면이 시작되었을 때] 블록에 [로봇 쥐_1 ▼ 모양으로 바꾸기] 블록을 추가해 준다.

\<장면 1\>

캐릭터	최종 코드

\<장면 2\>

캐릭터	최종 코드
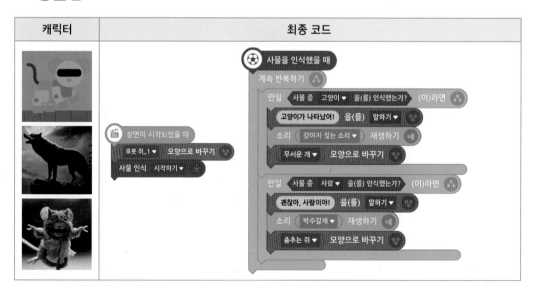	

스토리텔링 확장하기

Q. 고양이가 나타나면 신호를 보내 주는 경보기가 있었다면 쥐 가족은 어떤 도움을 받을 수 있었을까요?

Q. 새로 알게된 점, 느낀 점, 아쉬운 점, 더 발전시키고 싶은 점을 써 봅시다.

1장
2장
3장

2. 엔트리 AI with 생성형 AI

엔트리 프로그래밍

2-5
손 인식으로 콩쥐의
집안일 도와주기
(스크루블리)

1. 엔트리 AI 탐구하기

① AI 블록

손 인식

카메라를 이용하여 손을 인식하는 블록들의 모음입니다.

카메라로 입력되는 이미지를 통해 사람의 손을 인식하는 블록들의 모음이다. 인공지능이 손 부위의 위치나 제스처 등을 인식하는 것을 활용할 수 있다.

손 인식 시작하기 ✋	손 인식을 시작하거나 중지한다.
1 ▼ 번째 손의 엄지 ▼ 끝 ▼ (으)로 이동하기 ✋	오브젝트가 손의 선택한 부위로 이동한다. 목록 상자(■▼)를 클릭하면 인식한 순서의 손과 부위를 선택할 수 있다.
손을 인식했을 때	손을 인식하면 연결된 블록들을 실행한다.
인식한 손 보이기 ▼ ✋	인식한 손의 모습을 실행 화면에 보이거나 숨긴다.
손을 인식했는가?	손을 인식한 경우를 참으로 판단한다.
인식한 손의 수	인식한 손의 개수를 나타낸다.
2 초 동안 1 ▼ 번째 손의 엄지 ▼ 끝 ▼ (으)로 이동하기 ✋	입력한 시간에 걸쳐 오브젝트가 선택한 손의 위치로 이동한다. 이때 오브젝트의 중심점이 기준점이 된다. 가장 먼저 인식된 손이 첫 번째가 되고 2개의 손을 인식하면 왼쪽부터 첫 번째가 된다.
1 ▼ 번째 손의 엄지 ▼ 끝 ▼ 의 x ▼ 좌표	선택한 부위의 x 좌표, y 좌표 위칫값을 나타낸다. 인식되지 않으면 0을 반환한다.

	인식한 손이 오른손 또는 왼손이라면 참으로 판단한다.
	인식한 손이 오른손인지 왼손인지를 나타낸다.
	인식한 손이 선택한 모양이라면 참으로 판단한다. 목록 상자()를 눌러 쥔 손, 편 손, 브이 사인, 사랑해 등을 선택할 수 있다.
	인식한 손이 어떤 모양인지를 나타낸다.

② 핵심 기능 콕콕!

1. 카메라 화면이 보이면서 손 인식을 시작한다.

1. 손 인식을 시작한다.
2. 인식한 손을 화면에 보인다.

1. 손 인식을 시작한다.
2. 인식한 손을 화면에 보인다.
3. 오브젝트가 첫 번째 손의 엄지 끝을 따라 계속 이동한다.

1장 2장 3장

2. 스토리 만나기

이야기에 빠져 봐요

옛날 어느 마을에 콩쥐라는 마음씨 착한 아이가 살았다. 콩쥐는 일찍이 어머니를 여의고 심보가 고약한 새어머니 밑에서 자랐다. 새어머니는 온갖 고된 일을 시키며 콩쥐를 부려먹었다.

그러던 어느 날 새로 부임한 마을 원님이 성대한 마을 잔치를 열었다. 콩쥐는 마을 잔치에 무척 가고 싶었지만 못된 새어머니는 집안일을 모두 마치기 전에는 어림도 없다고 엄포를 놓았다. 새어머니가 시킨 집안일은 콩쥐 혼자서는 도무지 하기 힘든 것들이었다. 하나는 밑 빠진 독에 물을 채워 넣는 것이고, 다른 하나는 벼 열 섬을 모두 찧는 것이었다. 콩쥐는 망연자실하여 엉엉 울고 말았다. 슬픔에 빠진 콩쥐를 어떻게 도와줄 수 있을까?

Q. 새어머니가 집안일을 마쳐야 마을 잔치에 갈 수 있다고 했을 때 콩쥐는 어떤 마음이 들었을까요?

Q. 콩쥐를 어떻게 도와줄 수 있을까요?

스토리텔링 미션
☆ 콩쥐를 위해 밑 빠진 독의 구멍 막기 ☆ 콩쥐를 위해 스크루블리로 벼 찧기

캐릭터	캐릭터의 할 일
	~ 캐릭터는 ~
코드 써보기	
	– 시작하면 말을 "~~~"라고 한다. 인식한 손을 따라 이동한다.
코드 써보기	[시작하기] ~ 말하기 블록
	~ 오브젝트는 ~
코드 써보기	

3. AI로 스토리텔링 문제 해결하기

① 실행 화면 아래 [오브젝트 추가하기] 버튼을 클릭해 보자. 콩쥐 오브젝트, 두꺼
비 오브젝트, 물방울 오브젝트, 장독대 오브젝트, 원하는 배경을 선택한다.

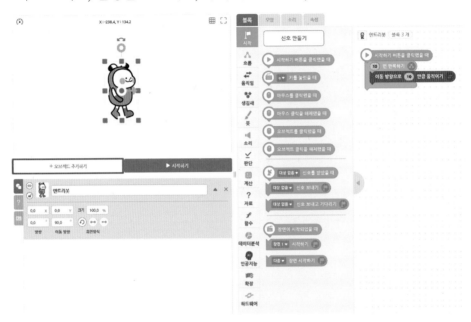

② 콩쥐 오브젝트를 클릭하고 `안녕! 을(를) 4 초 동안 말하기▼` 블록을 이용하여 집안일
이 산더미같이 쌓인 콩쥐의 마음을 헤아려 대사를 적어 보자.

③ 두꺼비 오브젝트를 클릭하고 콩쥐의 말이 끝난 후 말하도록 `2 초 기다리기` 블록을
사용한다. 콩쥐가 3초 동안 말한 후에 이어서 말하도록 시간을 3초로 설정한다.

④ 손 인식 시작하기 ▼ 블록으로 손 인식을 시작한다. 계속 반복하기 / 1 ▼ 번째 손의 엄지 ▼ 끝 ▼ (으)로 이동하기 블록을 사용하면 두꺼비 오브젝트가 인식한 손의 엄지 끝을 따라 계속 움직이게 된다.

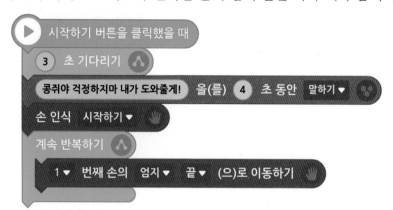

⑤ 장독대 영역 안에서 물방울 오브젝트가 무작위로 등장하고, 두꺼비가 물방울에 닿으면 물방울이 사라지도록 만들어 보자.

마우스포인터 ▼ 에 닿았는가? 블록과 x: 0 y: 0 위치로 이동하기 , 0 부터 10 사이의 무작위 수 블록을 사용해서 물방울 오브젝트가 두꺼비에 닿을 때까지 무작위로 위치를 이동시킬 수 있다. 이때 x 좌표의 범위는 장독대의 가로 양 끝 좌표를, y 좌표의 범위는 장독대의 세로 양 끝 좌표를 기준으로 한다. x 좌표와 y 좌표는 마우스를 오브젝트 위에 올려서 확인할 수 있다.

★ **블록 TIP**

실행 화면 위에 나타나는 좌표는 마우스 포인터의 좌표를 나타낸다. [모눈종이] 버튼을 클릭하면 실행 화면에 눈금 좌표계가 나타난다. 실행 화면의 가운데가 x, y 좌표(0.0)로 좌표계의 원점이 된다.

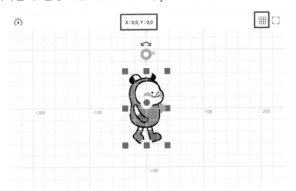

실행 화면의 x 좌표 범위는 −240에서 240이며 오른쪽으로 갈수록 양수(+)로 커지고 왼쪽으로 갈수록 음수(-)로 커진다. 실행 화면의 y 좌표 범위는 −135에서 135이며 위로 갈수록 양수(+)로 커지고 아래로 갈수록 음수(-)로 커진다.

⑥ `2 초 기다리기` 블록을 `x: -208 부터 0 사이의 무작위 수 y: -120 부터 120 사이의 무작위 수 위치로 이동하기` 블록 아래
에 넣으면 물방울이 설정한 초마다 무작위로 위치를 이동하도록 할 수 있다. 물
방울 오브젝트가 두꺼비에 닿으면 성공을 알리고 사라지도록 `안녕! 을(를) 4 초 동안 말하기`
블록과 `모양 숨기기` 블록을 사용해 보자. 모두 완료했다면 `장면1 ▾ 시작하기` 블록을
사용해 다음 장면으로 전환한다.

⑦ 장면 2는 사용되는 배경이나 오브젝트가 장면 1과 비슷하므로 장면 1에서 마우스 오른쪽 버튼을 클릭하면 나오는 [복제하기]를 눌러 만들 수 있다. 장면 2에서 필요 없는 물방울 오브젝트는 오브젝트 목록에서 x 표를 눌러 삭제한다. 장면 복제하기를 하는 경우 코드까지 모두 복제되므로 오브젝트만 남겨 두고 장면 1에서 사용했던 코드들은 모두 휴지통에 버려 주자. 오브젝트의 크기는 오브젝트를 클릭하면 오브젝트 주변에 생기는 8개의 파란색 점을 드래그하여 조정할 수 있다.

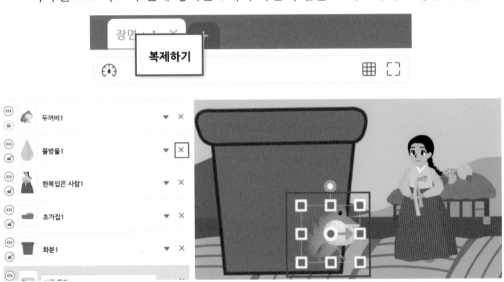

장면 2가 시작되면 콩쥐는 두꺼비에게 감사의 마음을 전하고 두 번째 집안일인 벼 열 섬 찧기를 어떻게 할 것인지 고민한다.

[콩쥐]

[두꺼비]

4. 생성형 AI로 업그레이드

생성형 AI 활용

[스크루블리]

스크루블리는 웹캠이 인식한 인체의 움직임을 재미있는 애니메이션으로 만들어 주는 AI 플랫폼이다. 디자인 전문 지식이나 코딩 없이도 AI를 창의적인 도구로 활용해서 디지털 애니메이터가 될 수 있다. PC, 태블릿, 모바일 모두 가능하며 원활한 사용을 위해 크롬, 웨일 브라우저를 사용하는 것을 권장한다. 단, 안드로이드는 모바일 사용이 제한된다.

❶ scroobly를 검색해서 들어간다. 로그인하지 않고 사용할 수 있다.

❷ 화면 아래 원하는 그림을 클릭하면 해당 그림이 내 몸을 인식하여 신체의 움직임을 따라 함께 움직인다. 주어진 체형 위에 그림을 추가해서 그리고 싶다면 가장 좌측의 + 버튼을 누른다.

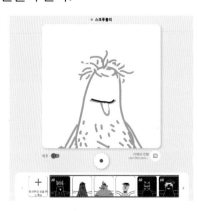

❸ 원하는 체형을 선택하고 [다음]을 누른다. 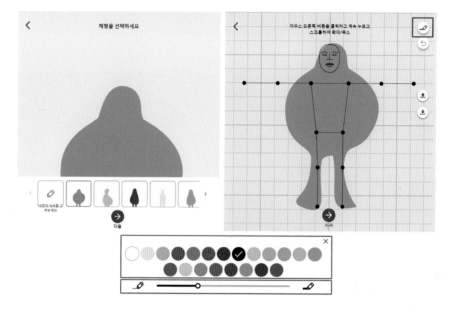 버튼을 누르면 내가 고른 체형 위에 원하는 색상과 선 굵기를 선택하여 그림을 그릴 수 있다.

❹ 나만의 낙서를 그리고 싶다면 제일 좌측에 있는 [나만의 낙서를 그려 보세요]를 클릭한다.

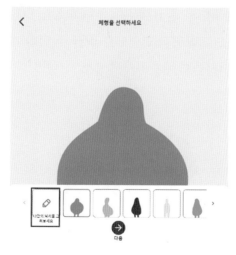

❺ 콩쥐 도와주기 미션을 생각하면서 인물과 도구를 그려 보자. 예시 작품에서는 콩쥐를 도와주기 위해 하늘에서 내려온 콩쥐 엄마를 그려 보았다. 손에는 벼를 찧기 위한 절구 방망이를 들고 있다.

🖌️ : 색상과 선 굵기 선택하기 ⬆️ : 파일 가져오기 ⬇️ : 낙서 내보내기

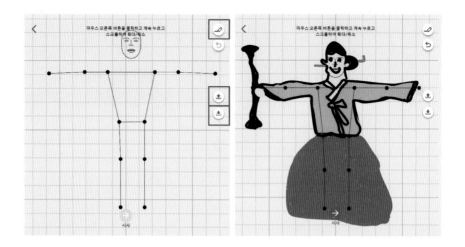

❻ 사용자의 움직임을 따라 화면에 보이는 애니메이션도 함께 움직이는 것을 볼 수 있다. 손을 위아래로 움직여서 절구 방망이로 벼를 찧는 모습을 만들어 보자. 배경 버튼을 누르면 배경을 실제 웹캠 화면으로 바꿀 수 있다. ⬤ 버튼을 눌러서 나만의 애니메이션을 동영상으로 저장하여 공유할 수 있다.

① 장면 3 역시 장면 2와 비슷한 오브젝트와 배경을 사용하므로 장면 2에서 마우스 우클릭을 한 후 [복제하기] 버튼을 클릭하여 만들 수 있다.

② 필요 없는 두꺼비 오브젝트와 장독대 오브젝트는 오브젝트 목록에서 x 표를 눌러 삭제한다.

두 번째 집안일인 벼 찧기로 자연스럽게 넘어가기 위해 스크루블리에서 그린 그림을 이미지 파일로 캡처해 장면 3 오브젝트로 삽입해 보자. [오브젝트 추가하기]에서 [파일 올리기]를 클릭하면 이미지 파일을 오브젝트로 추가할 수 있다.

내가 만든 스크루블리 캐릭터의 이야기에 어울리도록 상상력을 발휘하여 말하기 블록을 추가해 보자.

<장면 1>

캐릭터	최종 코드

시작하기 버튼을 클릭했을 때
두꺼비 ▼ 에 닿았는가? 이(가) 될 때까지 ▼ 반복하기
x: -208 부터 0 사이의 무작위 수 y: -120 부터 120 사이의 무작위 수 위치로 이동하기
1 초 기다리기
깨진독을 막았다! 을(를) 2 초 동안 말하기 ▼
모양 숨기기
장면2 ▼ 시작하기

\<장면 2\>

캐릭터	최종 코드
	장면이 시작되었을 때 고마워 두꺼비야 덕분에 장독대에 물을 모두 채울 수 있었어! 을(를) 3 초 동안 말하기 ▼ 이제 벼만 찧으면 마을 잔치에 갈 수 있겠지? 을(를) 3 초 동안 말하기 ▼
	장면이 시작되었을 때 6 초 기다리기 별말씀을! 평소에 착하게 살아온 콩쥐 너의 따뜻한 마음씨 덕분인걸 을(를) 4 초 동안 말하기 ▼ 남은 집안일도 잘 해내길 응원할게 을(를) 4 초 동안 말하기 ▼ 모양 숨기기 다음 ▼ 장면 시작하기

\<장면 3\>

캐릭터	최종 코드
	장면이 시작되었을 때 아니 엄마가 어떻게? 을(를) 3 초 동안 말하기 ▼
	장면이 시작되었을 때 3 초 기다리기 콩쥐야! 벼 찧는건 이 엄마가 도와줄게 을(를) 3 초 동안 말하기 ▼ 걱정하지마렴! 을(를) 3 초 동안 말하기 ▼ 스크루블리 얍! 을(를) 3 초 동안 말하기 ▼

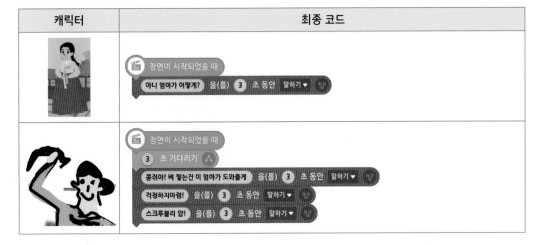

1장

2장

3장

2. 엔트리 AI with 생성형 AI

스토리텔링 확장하기

Q. 도움을 받은 콩쥐는 마을 잔치에 참석할 수 있었을까요? 그 후에 어떤 일이 벌어졌을까요?

Q. 새로 알게된 점, 느낀 점, 아쉬운 점, 더 발전시키고 싶은 점을 써 봅시다.

엔트리 프로그래밍

2-6
피노키오의 진심으로
할아버지 구출하기
(애니메이티드 드로잉)

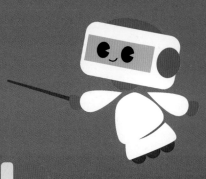

1. 엔트리 AI 탐구하기

① AI 블록

카메라로 입력되는 이미지(영상)를 통해 사람의 얼굴을 인식하는 블록이다. 인공지능이 얼굴 각 부위의 위치나, 표정 등을 통해 유추한 나이, 성별, 감정을 인식한다. 이 블록은 카메라 연결이 꼭 필요한 블록으로 데스크톱의 경우 별도 웹캠을 연결해야 한다.

얼굴 인식

카메라를 이용하여 얼굴을 인식하는 블록들의 모음입니다.

얼굴을 인식했을 때	얼굴을 인식했을 때 아래의 블록이 동작한다. 한 번 인식을 시작하고 연속적으로 인식이 유지되면 다시 동작하지 않지만, 얼굴이 새롭게 인식되는 순간 다시 블록이 동작한다.
얼굴 인식 시작하기	얼굴 인식을 시작하거나 중지한다. 얼굴을 인식하려면 꼭 이 블록을 통해 인식을 시작해야 한다. 목록 상자(▪️▾)를 클릭하면 인식을 시작할지 중지할지 선택할 수 있다.
인식한 얼굴 보이기	인식한 얼굴을 실행 화면에서 보이거나 숨긴다. [보이기]를 선택하면 인식한 얼굴의 각 부위를 외곽선의 형태로 표시한다. 목록 상자(▪️▾)를 클릭하면 인식한 형태를 보일지 숨길지 고를 수 있다.
얼굴을 인식했는가?	얼굴을 인식했다면 참으로, 아니라면 거짓으로 판단하는 블록이다.
인식한 얼굴의 수	인식한 얼굴이 몇 개인지를 가져오는 값 블록이다. 최대 4개의 얼굴을 인식할 수 있다.
1▾ 번째의 얼굴의 왼쪽 눈▾ (으)로 이동하기	오브젝트가 얼굴의 선택한 부위로 이동한다. 목록 상자(▪️▾)를 클릭하면 인식한 순서의 얼굴과 부위를 선택할 수 있다.

	입력한 시간 동안 오브젝트가 얼굴의 선택한 부위로 이동한다. 목록 상자(■▼)를 클릭하면 인식한 순서의 얼굴과 부위를 선택할 수 있다.
1▼ 번째 얼굴의 성별이 여성▼ 인가?	얼굴의 성별과 선택한 성별이 같다면 참으로, 아니라면 거짓으로 판단하는 블록이다.
1▼ 번째 얼굴의 나이 =▼ 10 인가?	얼굴의 나이와 입력한 나이를 비교한 결과가 옳다면 참으로, 아니라면 거짓으로 판단하는 블록이다.
1▼ 번째 얼굴의 감정이 분노▼ 인가?	얼굴의 감정과 선택한 감정이 같다면 참으로, 아니라면 거짓으로 판단하는 블록이다. 선택할 수 있는 감정에는 분노, 혐오, 두려움, 행복, 무표정, 슬픔, 놀람이 있다.
1▼ 번째 얼굴의 왼쪽 눈▼ 의 x▼ 좌표	얼굴 부위의 x 또는 y 좌표를 가져오는 값 블록이다. 목록 상자(■▼)를 클릭하면 인식한 순서의 얼굴과 부위를 선택할 수 있다.
1▼ 번째 얼굴의 성별▼	얼굴의 특징을 가져오는 값 블록이다. 목록 상자(■▼)를 클릭하면 얼굴의 성별/나이/감정을 선택할 수 있다.

② 핵심 기능 콕콕!

1. 얼굴 인식을 시작한다.

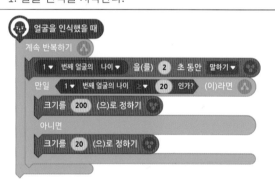

1. 얼굴을 인식했을 때 인식한 얼굴의 나이를 말한다.
2. 나이에 따라 크기가 커지거나 작아진다.

★ 블록 TIP

오브젝트의 크기를 정하는 것으로, 이 블록을 반복하여도 크기는 10 그대로다.

오브젝트의 크기를 10만큼 바꾸는 것으로, 입력한 수가 양수이면 커지고, 음수이면 작아진다. 기본 크기는 100이고, 1보다 작아질 수는 없다.

오브젝트 크기가 10으로 정해져서, 10번 반복해도 그대로 10이다.

크기가 10, 20, 30, …, 100으로 총 10번 바뀌어 오브젝트의 전체 크기가 시작보다 100만큼 커진다.

1장

2장

3장

2. 스토리 만나기

이야기에 빠져 봐요

아이가 갖고 싶던 제페토 할아버지는 '피노키오'라는 나무 인형을 만들었고, 요정은 피노키오가 착한 아이가 되면 진짜 사람이 될 수 있다고 말했다. 피노키오는 인간이 되고 싶었지만, 장난기 많고 충동적인 성격 때문에 인형극과 장난감 나라에 가는 등 여러 유혹에 빠지게 된다. 게다가 요정에게 거짓말을 한 탓에 그는 거짓말을 할 때마다 코가 길어지는 저주를 받게 된다.

그러던 중 자신을 찾으려다 제페토 할아버지께서 고래에게 잡아먹혔다는 소식을 들은 피노키오는 그를 구출하러 바다로 떠난다. 피노키오는 이 시련을 어떻게 이겨 내고 진짜 사람으로 성장할 수 있을까?

Q. 피노키오는 어떤 어려움을 겪었을까요?

Q. 피노키오를 어떻게 도와줄 수 있을까요?

스토리텔링 미션
☆ 피노키오의 진심으로 할아버지 구출하기 ☆ 피노키오를 진짜 사람으로 만들어 주기

캐릭터	캐릭터의 할 일
	– 시작하면 말을 "~~~" 라고 한다.
코드 써보기	[시작하기] ~ 말하기 블록
	~ 캐릭터는 ~
코드 써보기	
	~ 코 오브젝트는 ~
코드 써보기	
	~ 캐릭터는 ~
코드 써보기	

3. AI로 스토리텔링 문제 해결하기

① [오브젝트 추가하기]를 눌러 스토리에 필요한 등장인물들을 만들어 보자. 피노키오 오브젝트, 요정 오브젝트, 코 오브젝트, 바닷속 배경 등 피노키오 이야기에 어울리는 오브젝트를 선택한다.

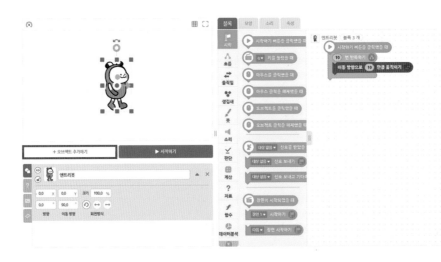

② 피노키오 오브젝트를 클릭하고, 안녕! 을(를) 4 초 동안 말하기▼ 블록을 이용해 말해 보자. 할아버지를 구하러 바다로 떠난 피노키오. 요정을 만나면 제일 먼저 무슨 말을 하고 싶을까?

③ 요정 오브젝트를 클릭하고, 피노키오의 말을 듣고 말하도록 4 초 기다리기 블록을 사용한다. 착한 요정은 어떤 말로 피노키오에게 도움을 주려고 할까?

④ 요정의 미션을 시작하기 위해 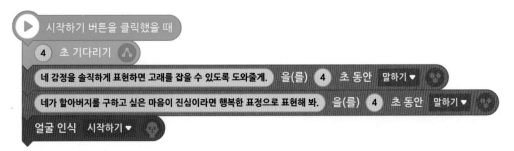 블록으로 얼굴 인식을 시작하자.

⑤ 피노키오가 진심인지 아닌지는 어디에서 가장 잘 드러날까? 거짓말을 하면 코가 길어지는 피노키오는 코를 보면 진심을 알 수 있지 않을까?

코 오브젝트를 클릭하고, 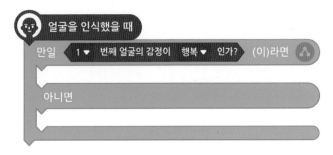 블록과 블록을 이용하여 행복한 감정인지 아닌지 판단해 보자.

⑥ 지금 짓는 표정이 어떤 감정인지 모르면 표정을 어떻게 바꿔야 하는지 알기 어렵지 않을까?

블록과 블록으로 인식한 감정을 알려 주자.

여기서 잠깐! 우리는 피노키오의 코를 이용해 피노키오가 진심인지 알아볼 것이다. 코 오브젝트에 프로그래밍하고 있는지 정확하게 짚고 넘어가자. 두 가지 방법으로 확인할 수 있다. 첫째, 실행 화면이나 오브젝트 목록에서 코 오브젝트가 선택되었는지 확인해 보자. 둘째, 블록 조립소 상단에서 어떤 오브젝트를 프로그래밍하고 있는지 확인한 후 계속 진행하자.

⑦ 행복한 표정으로 진심을 표현하면 코가 짧아지고, 그렇지 않으면 코가 길어지도록 할 것이다. 어떤 블록이 필요할까? 코는 전체적으로 커지는 것이 아니라 가로의 길이만 길어지는 것이니 `가로▼ 를 10 만큼 늘이기` 블록을 이용하자. 예시에서는 길이 변화가 시각적으로 보이도록 -20, 20으로 설정하였다.

★ 블록 TIP

오브젝트의 가로 길이를 입력한 수만큼 늘이거나 줄인다.

오브젝트의 세로 길이를 입력한 수만큼 늘이거나 줄인다.

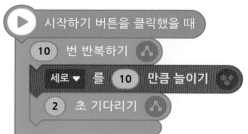

오브젝트의 가로 길이가 10씩 10번 늘어나 가로만 총 100만큼 늘어난다.

오브젝트의 세로 길이가 10씩 10번 늘어나 세로만 총 100만큼 늘어난다.

⑧ 행복한 표정을 몇 번 지어야, 다시 말해 코가 얼마나 짧아져야 미션에 성공한다고 할 수 있을까? 변수를 활용해서 코의 길이 변화를 수치화하자. 자료 카테고리의 [변수 만들기]로 '코 길이' 변수를 추가한다. 여기서 주의할 것은 코가 짧아지다 못해 마이너스가 되는 문제가 생길 수도 있다는 점이다. 코 길이 변수의 기본값을 100으로 설정해 20씩 줄어들더라도 길이가 남아 있게 하자. 화살표(▼)를 클릭하면 변수 기본값 설정이 가능하다. 변수에 대한 자세한 설명은 2-3부를 참고하자.

⑨ `코 길이 ▼ 에 10 만큼 더하기 ?` 블록을 이용하여 코의 길이가 변한 만큼 '코 길이' 변수를 조절하자. `가로 ▼ 를 10 만큼 늘이기 ✿` 블록과 마찬가지로 해당 블록은 더하기 기능만 있으므로 뺄 때는 숫자 앞에 -를 붙인다.

⑩ 변수를 설정한 이유를 기억하는가? 요정이 낸 미션을 언제까지 수행해야 하는지 판단 기준을 설정하기 위해서였다. `∷ 이 될 때까지 ▼ 반복하기 ∧` 블록을 추가하고, `코 길이 ▼ 값` 블록과 `10 ≤ 10` 블록을 결합해 미션 성공의 기준을 정하자. 코 길이 변수의 기본값이 100이니 코가 얼마만큼 짧아지면 성공했다고 할 수 있을까? 예시에서는 코 길이 값이 50 이하가 될 때까지 감정 판단을 반복하였다. `1 초 기다리기 ∧` 블록을 추가해 약간의 시간 간격을 두고 사용자의 얼굴을 인식하여 인공지능이 더 안정적으로 인식하게 만들자.

⑪ 미션에 성공하면 피노키오의 코는 어떻게 되어야 할까? 모양 숨기기 블록과
변수 코 길이▾ 숨기기 블록을 이용해 미션 후에는 실행 화면에서 코도 사라지고 코
길이 변수도 보이지 않게 만들어 보자.

⑫ 요정이 낸 미션에 성공하면 드디어 고래로부터 할아버지를 구출할 수 있다. 구
출 신호를 만들어 피노키오가 구출을 시작하게 해 보자. 시작 카테고리의 [신호
만들기]를 선택한 후 신호 이름을 정한다. 예시에서는 직관적으로 '구출'이라
하였다. 그다음 [신호 추가]를 클릭한다. 신호에 대한 자세한 설명은 2-3부를
참고하자.

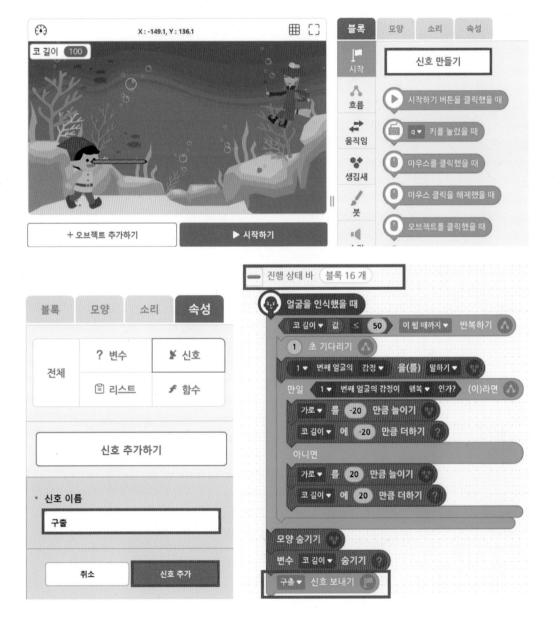

⑬ 피노키오 오브젝트를 클릭하고, 구출 신호를 받으면 피노키오가 움직이며 고래를 잡을 수 있게 할 것이다. 얼굴 인식 블록을 이용해 사용자가 피노키오를 직접 움직여 보자. 피노키오는 코가 특징적이니 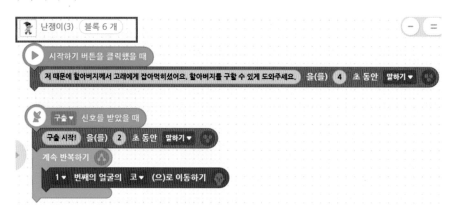 블록으로 피노키오를 움직이는 건 어떨까? 블록을 이용해 어떤 말을 하면서 구출을 시작할지 자유롭게 상상해 보자. 덧붙여 블록을 추가해야 피노키오가 멈추지 않고 계속 사용자의 코로 이동한다는 점을 기억해 두자.

⑭ 이제 우리가 잡아야 하는 고래 차례이다. 고래 오브젝트를 추가하고, 블록과 블록을 이용해 고래는 처음에 보이지 않다가 구출 신호를 받으면 모습을 드러내게 하자. 피노키오가 미션에 성공해서 요정이 고래를 볼 수 있게 도와준 상황으로 스토리를 구상해 보는 것이다.

⑮ 고래를 어떻게 움직여야 이야기를 더 재미있게 만들 수 있을까? 화면 안에서 좌우로 왔다 갔다 움직이면서 화면 밖으로 사라지지 않게 만들어 고래 잡는 난이도를 조절해 보자. [이동 방향으로 10 만큼 움직이기] 블록과 [0 부터 20 사이의 무작위 수] 블록을 결합하여 고래의 속도를 무작위로 변화시켜 예측을 어렵게 하는 것도 창의적이다. 화면 밖을 벗어나지 않으려면 어떤 블록이 필요할까? [화면 끝에 닿으면 튕기기] 블록을 사용할 수 있다.

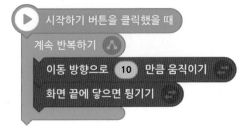

★ 블록 TIP

선택한 오브젝트가 화면 끝에 닿으면 한 번 튕긴다. 이동 방향이 벽을 기준으로 반대 방향을 이루는 각도로 오브젝트의 방향을 바꾼다. 회전 방식을 어떻게 설정하느냐에 따라 튕긴 후 모양이 바뀐다.

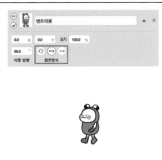		
벽에 닿아 튕기면 오브젝트 모양의 상하좌우가 뒤집힌다.	벽에 닿아 튕기면 오브젝트 모양의 좌우가 뒤집힌다.	벽에 닿아 튕겨도 오브젝트의 모양이 바뀌지 않는다.

⑯ 고래는 언제까지 움직여야 할까? 고래에게 잡아먹힌 할아버지 구출이 목표였으니 `난쟁이(3 ▼) 에 닿았는가?` 블록과 `참 이 될 때까지 ▼ 반복하기 ∧` 블록을 이용해 피노키오에게 닿을 때까지 움직이고, 피노키오에게 잡히면 `장면 2 ▼ 시작하기` 블록으로 장면 2를 시작해 보자. 장면 2는 ⑰을 만들면 목록 상자(`장면 2 ▼`)에서 선택할 수 있다.

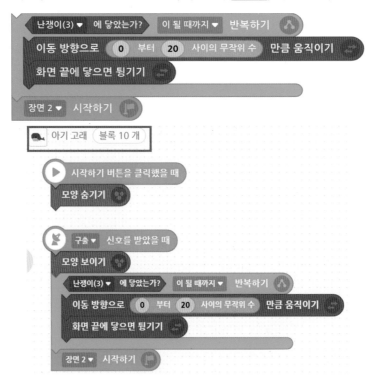

⑰ 화면 상단의 [+] 버튼을 눌러 할아버지를 구한 이후의 상황인 장면 2를 만들어 보자. 장면 2로 넘어오면 [오브젝트 추가하기]를 눌러 피노키오 오브젝트, 요정 오브젝트, 할아버지 오브젝트, 원하는 배경을 선택한다.

⑱ 장면이 시작되면 할아버지는 자신을 구해준 피노키오에게 무슨 말을 하고 싶을까? 할아버지 오브젝트를 클릭하고,  블록을 이용해 마음을 전해 보자.

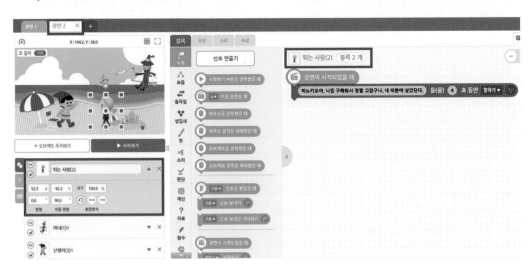

⑲ 요정 오브젝트를 클릭하고, 진심으로 할아버지를 생각한 착한 피노키오에게 칭찬의 말을 하자.

⑳ 피노키오 오브젝트를 클릭한다. 사람이 된다니 피노키오는 뛸 듯이 기쁠 것이다. 할아버지와 요정의 말을 경청한 후 말하도록 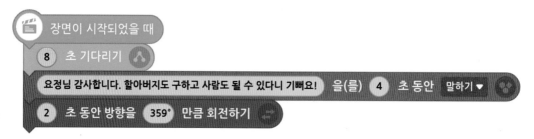 블록을 추가하고 감사 인사를 하자. 블록을 이용해 멋진 텀블링으로 신나는 감정을 표현해 보면 어떨까? 한 바퀴는 360˚이지만, 이 블록에서는 360˚ = 0˚로 표시되므로 359˚로 입력해야 한다.

★ **블록 TIP**

이 오브젝트의 방향을 중심점을 기준으로 입력한 각도만큼 곧바로 회전한다.	입력한 시간 동안 이 오브젝트의 방향을 중심점을 기준으로 입력한 각도만큼 서서히 회전한다.

오브젝트가 곧바로 90˚만큼 회전한 상태로 보인다.	오브젝트가 2초 동안 서서히 90˚만큼 회전하는 과정이 보인다.

㉑ 드디어 사람이 된 피노키오. 얼른 만나 보고 싶지 않은가? 생성형 AI를 이용해 사람이 된 피노키오를 만들어 보자.

4. 생성형 AI로 업그레이드

생성형 AI 활용

Animated Drawings

[애니메이티드 드로잉]

애니메이티드 드로잉은 사용자가 업로드한 이미지를 인공지능을 활용해 간단하게 애니메이션으로 변환해 주는 플랫폼이다. 생성된 애니메이션은 소셜미디어에 공유하거나 MP4 파일로 다운로드할 수 있다. 별도의 프로그램 설치나 로그인 없이 웹브라우저에서 사용할 수 있다.

❶ 먼저 엔트리에 있는 피노키오를 컴퓨터에 있는 캡처 도구를 활용해 캡처하여 이미지 파일로 저장할 것이다. 피노키오 오브젝트를 클릭하고 모양 탭을 선택하면 그림판에 피노키오 모양이 보인다. 그다음 컴퓨터에서 [찾기]→[캡처 도구]→[캡처]→[저장하기] 순으로 진행해 보자.

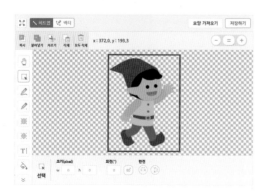

❷ 애니메이티드 드로잉으로 들어와 컴퓨터에 저장된 그림을 업로드하자. 그림은 팔과 다리가 몸과 겹치지 않는 하나의 캐릭터이면서, 선, 주름, 찢어짐 등이 없는 흰색 종이에 그려져 있어야 한다. 조건을 만족한다면 [Next]를 클릭하여 다음 단계로 넘어가자.

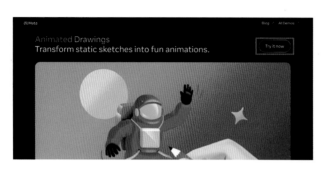

❸ 캐릭터의 크기에 꼭 맞게 상자의 크기를 조정한다.

❹ 캐릭터와 배경을 분리하여 강조할 것이다. 캐릭터의 신체 부위가 밝게 강조되지 않는 경우 펜과 지우개로 수정하고, 팔과 다리가 몸통과 붙어 있는 경우 지우개를 사용해 분리하자.

아래 두 화면의 차이를 알겠는가? 얼굴, 몸통, 팔, 다리가 겹쳐 있는 그림의 경우 크기가 가장 작은 지우개로 겹친 부분의 경계선을 따라 지워서 분리해 주자. 얼굴, 몸통, 팔, 다리의 분리를 강조하는 이유는 각각이 분리되어야 애니메이션화할 때 자연스러운 움직임을 연출할 수 있기 때문이다.

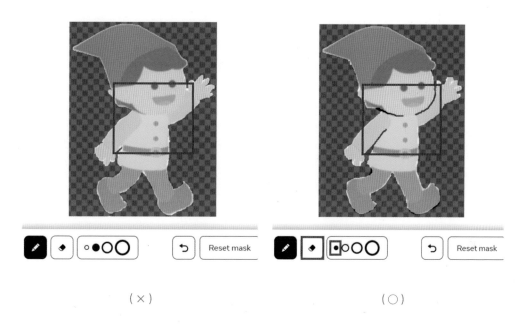

(×)   (○)

❺ 캐릭터의 관절 마디를 표시하는 것이다. 캐릭터에 팔이 없는 경우 점을 드래그하여 팔꿈치와 손목 관절을 멀리 끌어 놓으면 움직임 표현이 가능하다.

❻ 춤추기, 웃긴 행동, 점프, 걷기 등 다양하게 움직여 보자. 사람이 되어 행복한 피노키오는 지금 어떤 모습일까? 오른쪽 아래의 ⤢ 표시를 눌러 즐거운 피노키오의 모습을 전체 화면으로 감상하자.

Generated with Meta
Animated Drawings

❼ 오른쪽 아래의 ⋮ 표시를 누르면 영상 파일로 다운로드할 수 있다.

<장면 1>

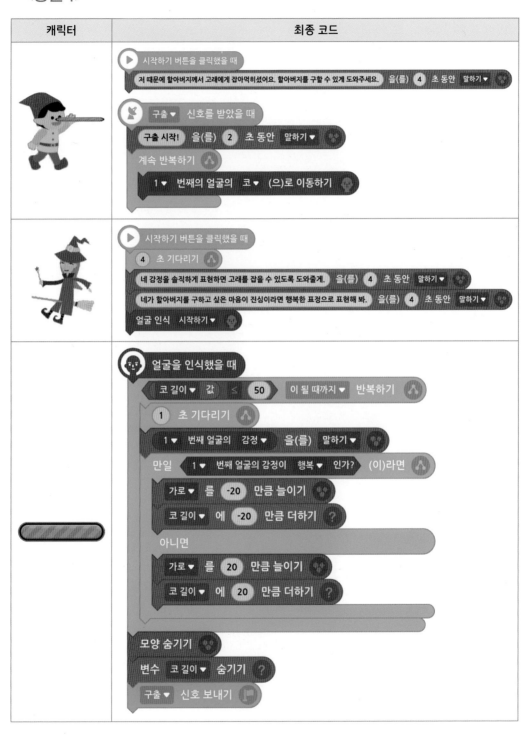

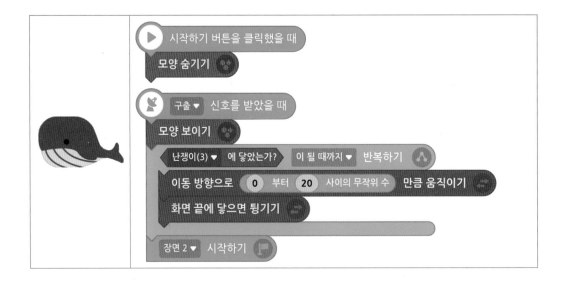

<장면 2>

캐릭터	최종 코드
	장면이 시작되었을 때 피노키오야, 나를 구해줘서 정말 고맙구나. 네 덕분에 살았단다. 을(를) 4 초 동안 말하기
	장면이 시작되었을 때 4 초 기다리기 피노키오 넌 참 착한 아이로구나. 이제 진짜 사람으로 만들어 줄게. 을(를) 4 초 동안 말하기
	장면이 시작되었을 때 8 초 기다리기 요정님 감사합니다. 할아버지도 구하고 사람도 될 수 있다니 기뻐요! 을(를) 4 초 동안 말하기 2 초 동안 방향을 359° 만큼 회전하기

스토리텔링 확장하기

Q. 감정 인식 거짓말 탐지기가 있었다면 피노키오는 어떤 도움을 받을 수 있었을까요?

Q. 새로 알게된 점, 느낀 점, 아쉬운 점, 더 발전시키고 싶은 점을 써 봅시다.

엔트리 프로그래밍

2-7
토끼와 거북이를 응원하는 AI 치어리딩봇 만들기
(수노 AI)

① AI 블록

인공지능 음성 인식 엔진 '클로바 스피치'를 활용하여 마이크로 입력되는 음성을 인식해 문자로 바꿔 주는 블록의 모음이다.

마이크가 연결되었는가?	기기에 마이크가 연결되어 있다면 참으로, 아니라면 거짓으로 판단하는 블록이다.
마이크 소리 크기	마이크로 입력된 소리의 크기를 가져오는 값 블록이다.
한국어 ▾ 음성 인식하기	선택한 언어로 음성 인식을 시작하며, 2초 이상 마이크에 음성이 입력되지 않았다면 인식을 종료한다. 목록 상자(■▾)를 클릭하면 한국어, 영어, 일본어 중 인식할 언어를 선택할 수 있다.
10 초 동안 한국어 ▾ 음성 인식하기	선택한 언어로 입력한 시간 동안 음성을 인식하며, 입력한 시간이 지나면 인식을 종료한다.
인식한 음성 보이기 ▾	음성 인식 창을 실행 화면에서 나타내거나 숨긴다. 음성 인식 창에서는 인식할 언어와 인식된 음성을 문자로 바꾼 값을 확인할 수 있다. 목록 상자(■▾)를 클릭하면 음성 인식 창을 나타낼지 숨길지 고를 수 있다.
음성을 문자로 바꾼 값	음성 인식 창에서 인식한 목소리를 문자로 바꾸는 값 블록이다. 목소리를 입력하지 않았거나, 음성 인식 도중에 오류가 발생하면 0을 가져온다.

음성 인식

마이크를 이용하여 음성을 인식하는 블록들의 모음입니다.

Powered by **NAVER CLOVA**

② 핵심 기능 콕콕!

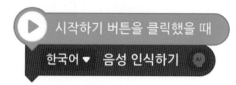

듣고 있어요

1. 한국어 음성 인식을 시작한다.

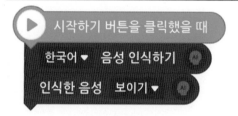

음성 인식:한국어
안녕

1. 한국어 음성 인식을 시작한다.
2. 인식된 음성이 무엇인지 확인할 수 있도록 음성 인식 창을 화면에 나타낸다.

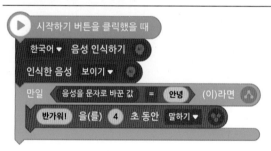

음성 인식:한국어
안녕

반가워!

1. 한국어 음성 인식을 시작한다.
2. 음성 인식 창을 화면에 나타낸다.
3. 인식된 음성을 문자로 바꾼 값이 미리 정한 값과 같다면 특정한 반응을 출력한다.

1장

2장

3장

2. 엔트리 AI with 생성형 AI

2. 스토리 만나기

이야기에 빠져 봐요

옛날 옛적 어느 숲속에 토끼와 거북이가 살고 있었다. 토끼는 매우 빨랐지만, 거북이는 매우 느렸다. 토끼는 거북이를 느림보라고 놀려댔다. 화가 난 거북이는 토끼에게 달리기 시합을 제안했고, 토끼는 승리를 자신하며 제안을 수락했다. 숲속 동물들은 모두 토끼의 승리를 예상했다.

시합이 시작되자마자 토끼는 껑충껑충 빠르게 뛰면서 거북이를 한참 앞질러 갔다. 반면 거북이는 결승점을 향해 느릿느릿 걸어갔다. 결승점에 거의 다다른 토끼는 뒤를 돌아봐도 거북이가 보이지 않자 잠시 낮잠을 자기로 했다. 그런데 토끼의 낮잠은 길어졌고, 그사이 꾸준하게 한 걸음씩 걸어온 거북이가 토끼를 지나쳐 결승점에 먼저 도착하였다. 모두의 예상을 뒤엎고 거북이가 달리기 시합에서 승리한 것이다.

자신의 패배를 받아들일 수 없었던 토끼는 두 번째 시합을 제안했고, 자신감을 얻은 거북이는 이 도전을 받아들였다. 드디어 찾아온 두 번째 시합 날, 모여든 동물들이 뜨거운 응원전을 펼치기 시작하는데…!

Q. 토끼와 거북이가 달리기 시합에서 겪었던 어려움은 무엇인가요?

Q. 두 번째 시합 날 토끼와 거북이를 어떻게 도와줄 수 있을까요?

스토리텔링 미션

☆ 토끼와 거북이를 응원하는 AI 치어리딩봇 만들기
☆ 토끼와 거북이를 위한 응원가 만들기

캐릭터	캐릭터의 할 일
	– 시작하면 음성을 인식한다.
코드 써보기	[시작하기] 음성 인식하기 블록
	~ 캐릭터는~
코드 써보기	
	~ 캐릭터는~
코드 써보기	

3장

2. 엔트리 AI with 생성형 AI

3. AI로 스토리텔링 문제 해결하기

① [오브젝트 추가하기] 기능을 활용하여 치어리딩봇 오브젝트, 토끼 오브젝트, 거
북이 오브젝트, 응원 나팔 오브젝트, 어울리는 배경을 추가해 보자.

② ╟안녕!╢ 을(를) ④ 초 동안 말하기▼ 블록을 이용하여 치어리딩봇이 토끼와 거북이 중
누구를 응원할 것인지 묻도록 만든다.

③ 한국어 음성 인식을 시작하고, 실행 화면에 인식된 음성이 문자로 나타나도록
블록을 추가해 보자.

④ 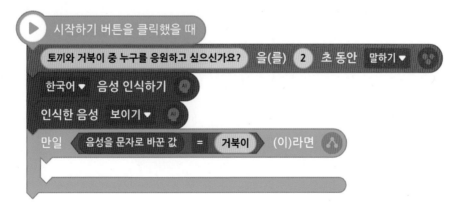 블록과 음성을 문자로 바꾼 값 블록을 결합한 후, 블록에 넣어
서 치어리딩봇이 인식한 음성이 거북이일 때의 선택 구조를 프로그래밍해 준다.

⑤ 인식한 음성이 거북이일 때, 모든 오브젝트에서 거북이 응원과 관련된 블록이 실행되도록 신호를 제작하고 거북이 응원▼ 신호 보내고 기다리기 블록을 추가해 보자. 신호는 시작 카테고리의 [신호 만들기]를 클릭하면 만들 수 있으며, 자세한 설명은 2-3을 참고하자.

⑥ 같은 방법으로 토끼 응원 신호를 만들고, 인식한 음성이 토끼일 때의 선택 구조를 프로그래밍해 준다. 블록을 마우스로 우클릭했을 때 나타나는 [코드 복제하기]를 이용하면 똑같은 형태의 블록을 간편하게 만들 수 있다.

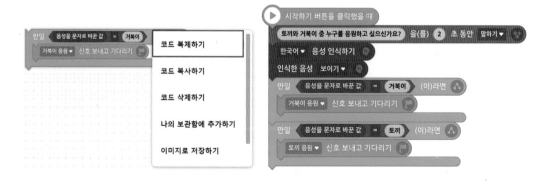

⑦ 달리기 시합이 진행되는 동안 응원 상황이 계속 이어질 수 있도록 블록을 추가한다.

> ▶ 시작하기 버튼을 클릭했을 때
> 　계속 반복하기 ⌃
> 　　토끼와 거북이 중 누구를 응원하고 싶으신가요? 을(를) 2 초 동안 말하기 ▼
> 　　한국어 ▼ 음성 인식하기
> 　　인식한 음성 보이기 ▼
> 　　만일 음성을 문자로 바꾼 값 = 거북이 (이)라면 ⌃
> 　　　거북이 응원 ▼ 신호 보내고 기다리기
> 　　만일 음성을 문자로 바꾼 값 = 토끼 (이)라면 ⌃
> 　　　토끼 응원 ▼ 신호 보내고 기다리기

⑧ [거북이 응원 ▼ 신호를 받았을 때] 블록과 [안녕! 을(를) 4 초 동안 말하기 ▼] 블록을 이용하여 응원 상황이 시작되었을 때, 치어리딩봇이 거북이 또는 토끼 응원 문구를 말하도록 프로그래밍할 것이다. 이때 말하기 시간을 10초로 설정하면 응원 효과가 충분히 나타날 수 있다.

[거북이 응원 상황]

[토끼 응원 상황]

⑨ 거북이 오브젝트를 클릭하고, 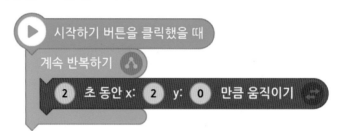 블록을 이용하여 거북이의 느린 움직임을 표현한다. 그리고  블록을 추가하여 달리기 시합이 진행되는 동안 거북이가 계속 움직일 수 있도록 만들어 주자. 이때 달리기는 좌우로만 진행되므로 y 좌표 움직임 값은 0으로 설정해야 한다. 좌표에 대한 자세한 내용은 2-5를 참고하자.

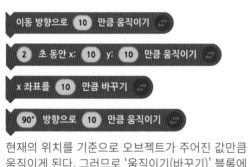

★ 블록 TIP

블록 이름에 '움직이기(바꾸기)'가 들어간 블록과 '이동하기'가 들어간 블록은 모두 움직임 카테고리 안에 담겨 있지만, 활용하는 방법에는 차이가 있으므로 상황에 따라 구별해서 사용해야 한다.

[움직이기(바꾸기) 블록]	[이동하기 블록]
이동 방향으로 10 만큼 움직이기	x: 0 y: 0 위치로 이동하기
2 초 동안 x: 10 y: 10 만큼 움직이기	2 초 동안 x: 10 y: 10 위치로 이동하기
x 좌표를 10 만큼 바꾸기	엔트리봇 ▼ 위치로 이동하기
90° 방향으로 10 만큼 움직이기	현재의 위치와 상관없이 오브젝트가 입력된 좌표로 이동한다. 그러므로 '이동하기' 블록에는 오브젝트를 이동시키고 싶은 곳의 실행 화면 좌표를 입력해야 한다.
현재의 위치를 기준으로 오브젝트가 주어진 값만큼 움직이게 된다. 그러므로 '움직이기(바꾸기)' 블록에는 오브젝트가 움직일 거리를 입력해야 한다.	

⑩ 거북이가 응원받는 10초 동안 빠르게 움직이도록 만들어 줄 것이다.

이때 `이동 방향으로 10 만큼 움직이기` 블록과 `2 초 동안 x: 10 y: 10 만큼 움직이기` 블록을 활용할 수 있는데, 두 블록이 나타내는 움직임에는 차이가 있으니 참고하자.

`이동 방향으로 10 만큼 움직이기` 블록은 순간 이동을 하는 듯한 모습을 구현하고, `2 초 동안 x: 10 y: 10 만큼 움직이기` 블록은 해당 시간 동안 미끄러지듯 움직이는 모습을 보여 준다. `거북이 응원 ▼ 신호를 받았을 때` 블록에 원하는 움직임 블록을 결합하여 거북이의 빨라진 움직임을 표현해 보자.

⑪ 토끼 오브젝트를 클릭하고, `2 초 동안 x: 10 y: 10 만큼 움직이기` 블록을 이용하여 일정한 시간 동안 빠르게 움직이다가 멈추는 토끼의 움직임을 표현한다.

`안녕! 을(를) 말하기 ▼` 블록을 추가하면 토끼가 자는 모양을 나타낼 수 있다.

⑫ ![토끼 응원▼ 신호를 받았을 때] 블록에 원하는 움직임 블록을 결합하여 토끼 응원이 이루어지는 10초 동안 토끼가 잠에서 깨어나 빠르게 움직이다가 다시 멈추도록 만들어 주자. ![안녕! 을(를) 4 초 동안 말하기▼] 블록을 활용하면 토끼가 잠에서 깨는 모양 표현이 가능하다.

⑬ 이제 치어리딩봇에 거북이 또는 토끼가 닿으면 시합이 종료되는 규칙을 프로그래밍할 것이다. 먼저 ![마우스포인터▼ 에 닿았는가?] 블록과 ![만일 참 (이)라면] 블록을 결합하여 거북이가 닿았을 때의 선택 구조를 만들어 보자. 그리고 시합 종료 규칙이 계속 적용될 수 있도록 ![계속 반복하기] 블록 안에 넣는다.

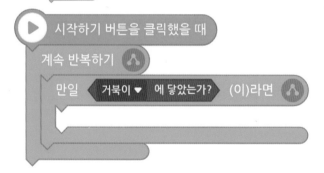

⑭ 거북이가 닿았을 때, 치어리딩봇이 거북이의 승리를 알리며 달리기 시합을 끝내도록 블록과 블록을 선택 구조 안에 넣어 주자.

⑮ [코드 복제하기] 기능을 이용하여 토끼가 닿았을 때의 선택 구조도 추가한다.

1장

2장

3장

2. 엔트리 AI with 생성형 AI

4. 생성형 AI로 업그레이드

① 치어리딩봇의 응원을 더욱 생생하게 만들어 줄 토끼와 거북이 응원가를 직접
만들어 보자. 응원 나팔 오브젝트를 클릭하고, 소리 탭의 [소리 추가하기]에 들
어간다.

② [파일 올리기]를 클릭하면 직접 만든 음원 파일을 업로드할 수 있다. 업로드가
완료된 후 [추가하기]를 클릭하면 소리 목록에 음원 파일이 추가된다.

생성형 AI 활용

[수노 AI]

Suno는 사용자가 입력한 텍스트를 바탕으로 음악을 만들어 주는 생성형 AI 플랫폼이다. 간단한 설명만으로 다양한 스타일의 완성도 높은 음악을 제작할 수 있어 활용도가 높다. Custom 모드를 사용하면 생성할 음악의 가사, 스타일, 제목을 직접 설정할 수 있다.

Suno는 13세 이상부터 회원가입 후 이용이 가능하며, 18세 미만 청소년의 경우에는 부모 또는 보호자의 동의가 필요하다. 회원 가입을 완료하면 하루에 50 크레딧이 무료로 부여되고, 한 번 생성할 때마다 2개의 음악이 만들어지면서 10 크레딧씩 차감된다. Suno를 통해 무료 생성한 음악은 출처 명시 후 비상업적인 목적으로 활용 가능하다.

❶ Suno(https://suno.com)에 접속하여 [Create] 메뉴를 클릭하고, [Custom] 모드를 켠다.

❷ 자신이 구상한 음악의 가사, 스타일, 제목을 입력하고, [Create] 버튼을 클릭하면 파일이 생성된다.

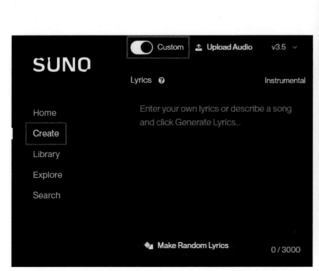

❸ 생성된 음악을 재생하여 들어보고, 마음에 드는 것을 오디오 파일로 다운로드해 보자.

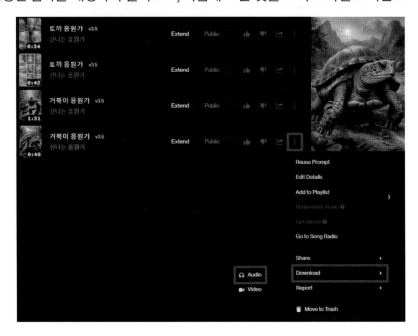

③ Suno로 생성한 응원가 파일을 추가하고, 응원 나팔 오브젝트의 소리 목록에 응원가가 잘 들어가 있는지 확인한다. 소리를 편집하고 싶다면 [다듬기] 또는 [조정하기] 메뉴를 이용한 후 [저장하기]를 클릭한다.

④ 블록 탭으로 돌아와 거북이 또는 토끼 응원이 시작되었을 때, 응원 나팔 오브젝트에서 응원가가 흘러나오도록 만들 것이다. 거북이 응원 ▼ 신호를 받았을 때 블록과 소리 거북이 응원가 ▼ 1 초 재생하기 블록을 활용하여 프로그래밍해 보자. 이때 소리 재생 시간은 치어리딩봇의 응원 시간과 같은 10초로 설정해 준다.

[거북이 응원 상황]

[토끼 응원 상황]

캐릭터	최종 코드
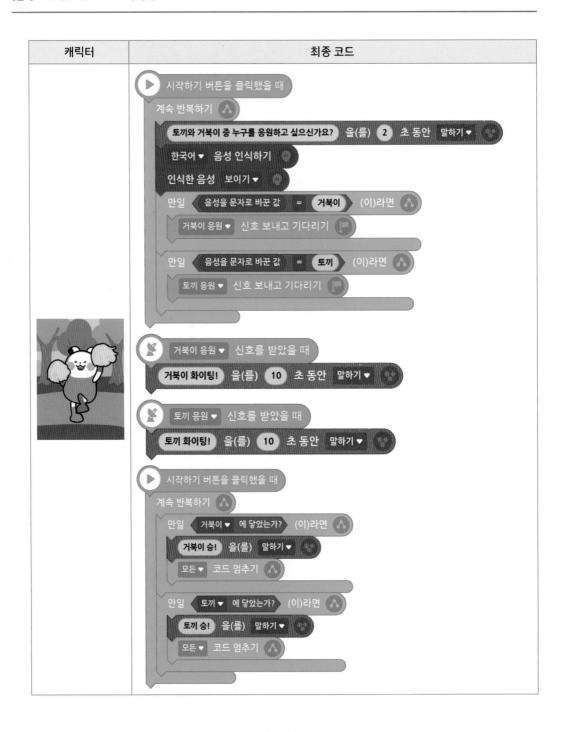	

▶ 시작하기 버튼을 클릭했을 때

계속 반복하기

토끼와 거북이 중 누구를 응원하고 싶으신가요? 을(를) 2 초 동안 말하기 ▼

한국어 ▼ 음성 인식하기

인식한 음성 보이기 ▼

만일 〈음성을 문자로 바꾼 값 = 거북이〉 (이)라면

거북이 응원 ▼ 신호 보내고 기다리기

만일 〈음성을 문자로 바꾼 값 = 토끼〉 (이)라면

토끼 응원 ▼ 신호 보내고 기다리기

📡 거북이 응원 ▼ 신호를 받았을 때

거북이 화이팅! 을(를) 10 초 동안 말하기 ▼

📡 토끼 응원 ▼ 신호를 받았을 때

토끼 화이팅! 을(를) 10 초 동안 말하기 ▼

▶ 시작하기 버튼을 클릭했을 때

계속 반복하기

만일 〈거북이 ▼ 에 닿았는가?〉 (이)라면

거북이 승! 을(를) 말하기 ▼

모든 ▼ 코드 멈추기

만일 〈토끼 ▼ 에 닿았는가?〉 (이)라면

토끼 승! 을(를) 말하기 ▼

모든 ▼ 코드 멈추기

스토리텔링 확장하기

Q. AI 치어리딩봇의 응원과 함께 멋진 승부를 펼친 토끼와 거북이는 두 번째 시합이 끝난 후 어떤 대화를 나누었을까요?

Q. 새로 알게된 점, 느낀 점, 아쉬운 점, 더 발전시키고 싶은 점을 써 봅시다.

엔트리 프로그래밍

엔트리 AI 모델
with 생성형 AI

3-1
여우와 두루미를 위한
맞춤형 그릇 만들기
(달리3)

1. 엔트리 AI 모델 탐구하기

① AI 블록

[지도학습]

분류: 이미지

업로드 또는 웹캠으로 촬영한 이미지를 분류할 수 있는 모델을 학습합니다.

모델이 학습할 이미지를 업로드하거나 직접 촬영해서 데이터로 입력하고, 입력한 데이터를 직접 분류해서 학습시키면 인공지능 모델을 만들 수 있다. 이미지 모델의 '촬영' 모드는 카메라 사용이 가능한 브라우저에서만 사용할 수 있다.

① 모델의 이름을 설정한다.

② 이미지 데이터를 업로드하거나 촬영하여 입력한다. 5개 이상의 데이터가 필요하다.

③ 모델을 바로 학습시키거나 학습 조건을 설정하여 학습시킨다. 학습 조건에는 세대, 배치 크기, 학습률, 검증 데이터 비율이 있다.

④ 학습 결과를 확인한다.

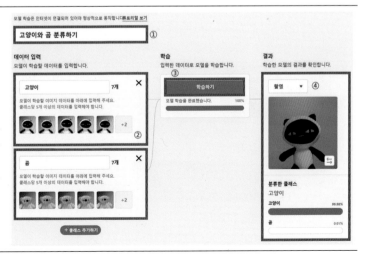

학습한 모델로 분류하기	데이터 입력 팝업 창을 열어, 입력한 이미지를 학습한 모델로 분류한다.
비디오 화면을 학습한 모델로 분류 시작하기▼	실행 화면에 표시한 비디오 화면을 학습한 모델을 통해 실시간으로 분류한다. 이 블록을 사용하기 위해서는 [인공지능] - [비디오 감지]의 (비디오 화면 보이기▼) 블록을 먼저 조립해서 실행 화면에 비디오 화면을 표시해야 한다.
분류 결과	입력한 데이터를 학습한 모델로 분류한 결과를 가져오는 값 블록이다.
고양이▼ 에 대한 신뢰도	입력한 데이터가 분류된 클래스에 대한 신뢰도를 가져온다. 목록 상자(▼)를 클릭하면 신뢰도를 가져올 클래스를 선택할 수 있다.
분류 결과가 고양이▼ 인가?	입력한 데이터가 선택한 클래스와 가장 비슷하다면 참, 아니라면 거짓으로 판단하는 블록이다. 목록 상자(▼)를 클릭하면 결과를 확인할 클래스를 선택할 수 있다.

② 핵심 기능 콕콕!

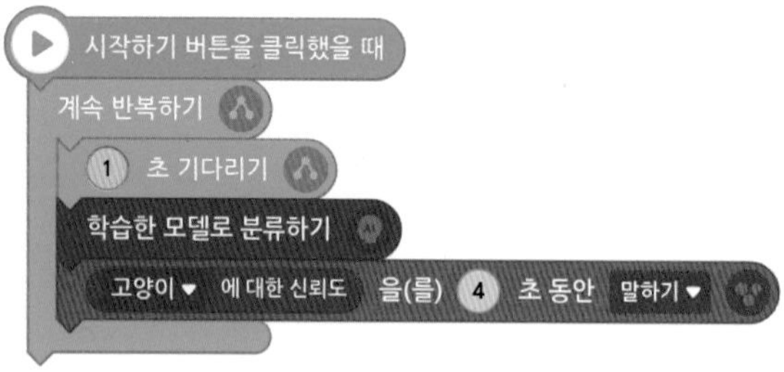

1. 데이터 입력 팝업 창이 열리면, 이미지를 업로드하거나 촬영한다.
2. 학습한 모델로 분류한다.
3. 분류 결과에 대한 신뢰도를 0~1로 알려준다.

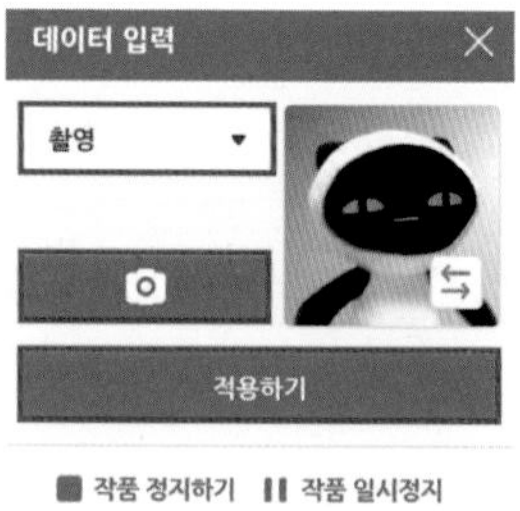

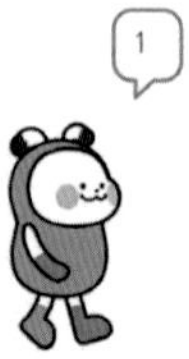

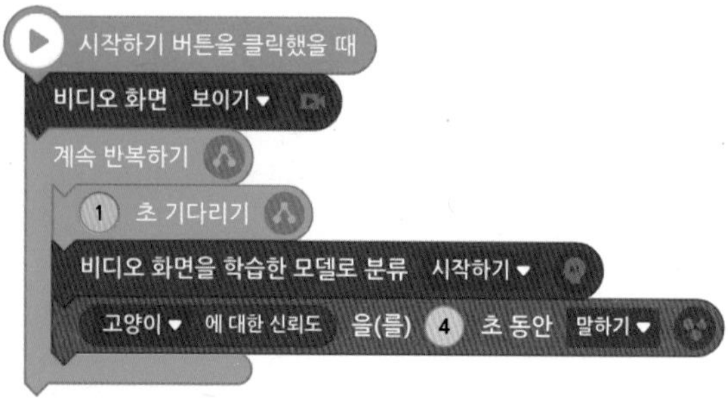

1. 비디오 화면을 보이게 한다.
2. 비디오 화면을 학습한 모델로 분류한다.
3. 분류 결과에 대한 신뢰도를 0~1로 알려준다.

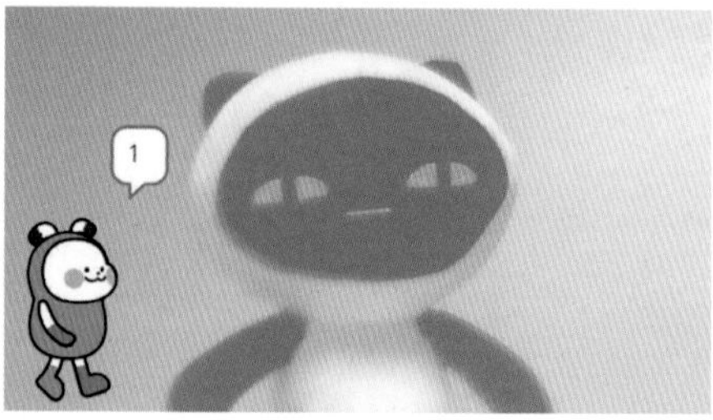

★ 블록 TIP		
블록	학습한 모델로 분류하기	비디오 화면을 학습한 모델로 분류 시작하기 ▼
공통점	이미지 데이터를 학습한 모델로 분류한다.	
차이점	데이터 입력 팝업 창이 열린다. 실행 화면에 비디오 화면이 보이지 않는다. 분류할 때마다 데이터 입력 팝업 창에 이미지 데이터를 입력해야 한다.	데이터 입력 팝업 창이 열리지 않는다. 실행 화면에 비디오 화면이 보인다. 실행 화면에 표시한 비디오 화면을 학습한 모델을 통해 실시간으로 분류한다.

📌 2. 스토리 만나기

이야기에 빠져 봐요

여우는 두루미를 저녁 식사에 초대하여 넓은 접시에 수프를 대접했다. 그러나 두루미는 긴 부리 때문에 수프를 먹을 수 없었고, 여우는 그 모습을 비웃었다. 다음 날, 두루미는 여우를 자신의 집으로 초대하여 목이 좁고 길쭉한 병에 수프를 담아 대접했다. 이번에는 여우가 병에 얼굴을 넣을 수 없어 수프를 먹지 못했다. 두루미는 고소하다 말하며 여우의 음식까지 모두 먹어 버렸다.

상대방에 대한 이해와 배려가 없어 어긋나 버린 둘의 관계를 어떻게 회복할 수 있을까?

Q. 여우와 두루미는 어떤 어려움을 겪었을까요?

Q. 여우와 두루미를 어떻게 구분할 수 있을까요?

스토리텔링 미션
☆ 여우와 두루미 모습 구분하기 ☆ 여우와 두루미를 위한 맞춤형 그릇 만들기

캐릭터	캐릭터의 할 일
	– 시작하면 말을 "~~~" 라고 한다.
코드 써보기	[시작하기] ~ 말하기 블록
	~ 캐릭터는 ~
코드 써보기	
	~ 캐릭터는 ~
코드 써보기	

3. AI로 스토리텔링 문제 해결하기

① [오브젝트 추가하기]를 클릭하여 스토리에 필요한 오브젝트를 자유롭게 추가
해 보자. 여우 오브젝트, 두루미 오브젝트, 맞춤형 그릇 제작 AI 오브젝트, 거
실 배경 등 어울리는 오브젝트를 선택한다.

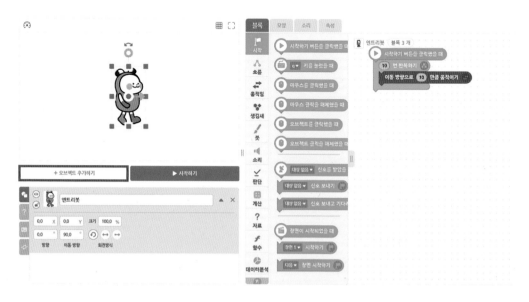

② 여우 오브젝트를 클릭하고, 안녕! 을(를) 4 초 동안 말하기 ▼ 블록을 이용해 말해 보자.
여우는 다시 저녁 식사에 초대한 두루미에게 어떤 말을 하고 싶을까?

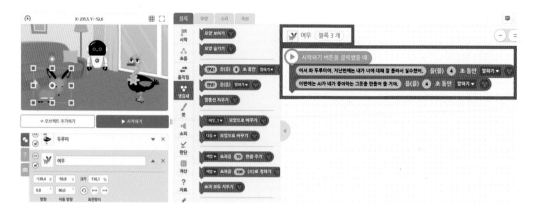

③ 여우의 말을 들으면 맞춤형 그릇 제작 AI가 반응하여 그릇을 만들도록 할 것이다. 시작 카테고리의 [신호 만들기]를 누른다. 예시에서는 '그릇 제작'이라고 이름 붙였다. 그다음 [신호 추가]를 클릭하자. 신호에 대한 자세한 설명은 2-3부를 참고하자.

④ 맞춤형 그릇 제작 AI 오브젝트를 클릭하고, 그릇 제작 신호를 받으면 안녕! 을(를) 4 초 동안 말하기▼ 블록으로 환영 인사를 할 수 있다.

⑤ 이제 맞춤형 그릇 제작 AI를 프로그래밍해 보자. 인공지능 카테고리의 [인공지능 모델 학습하기]를 통해서 입력한 이미지를 분류해 주는 모델을 만들어 볼 것이다. 이미지 모델에서 '촬영' 모드는 비디오 사용이 가능한 브라우저에서만 사용할 수 있으므로 크롬이나 웨일 브라우저를 사용하는 것을 권장한다.

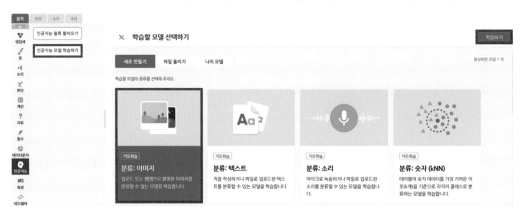

⑥ 모델 학습하기 창이 생성되면 모델의 이름을 정하자. 다음으로는 이미지 데이터를 입력하고 분류할 클래스를 만들어 보자. 예시 작품에서는 '여우'와 '두루미' 클래스를 만들어 보았다. 클래스 이름은 학습 모델이 알려주는 결괏값이 되기 때문에 알아보기 쉽게 정하자. [클래스 추가하기]를 클릭하면 클래스를 추가할 수 있다. 나중에 여우와 두루미의 새 친구가 온 상황을 상상해서 스토리를 확장해 보는 것도 재미있을 것이다.

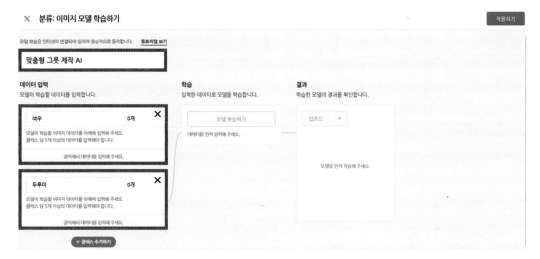

⑦ 이미지 데이터를 입력하는 방법은 [업로드]와 [촬영] 두 가지가 있다.
[업로드]를 통해서는 이미지 파일을 올릴 수 있는데, 이때 이미지 파일은 10MB
이하의 jpg, png, bmp 형식 파일이어야 한다. 관련 이미지는 인터넷 검색을 통
해 다운받을 수 있으며, 저작권 보호를 받는 이미지인지 확인 후 사용하는 것을
잊지 말자.
[촬영]은 기기와 연결된 카메라를 통해 직접 이미지를 올리는 것이다. [카메라]
버튼을 클릭하면 이미지 촬영이 가능하다.

⑧ 본 수업에서는 [업로드]를 이용할 것이며 사진은 미리캔버스에서 여우, 두루미
사진을 찾아 사용했다. 미리캔버스는 저작권 걱정 없이 이용할 수 있는 디자인
플랫폼으로 학습에 필요한 사진이나 그림을 찾거나 만드는 데 유용하다.

세상의 모든 디자인은 미리캔버스로 완성

PPT와 카드뉴스부터 동영상까지 템플릿으로 쉽고 간편하게 시작해보세요!

바로 시작하기   템플릿 보러가기

1장

2장

3장

3. 엔트리 AI 모델 with 생성형 AI

⑨ 왼쪽에서 [사진] 탭을 클릭하여 여우, 두루미를 검색해 보자. 검색어와 관련된 다양한 사진이 나오는 걸 볼 수 있는데, ⬤ 표시가 있는 사진은 유료 회원만 사용할 수 있으므로 무료 계정으로 사용한다면 아무 표시가 없는 사진 중에서 골라 보자. 학습 신뢰도를 높이기 위해서 사진은 5장 이상 고르는 것이 좋다. 엔트리에 업로드하기 위해서는 한 페이지당 1장의 사진만 입력하고, 다음 사진은 [페이지 추가]를 클릭해 다음 장에 입력해야 한다.

⑩ 사진을 다운로드하려면 저작권 보호를 위해 한 페이지당 최소 2개 이상의 요소가 포함되어야 한다. 따라서 왼쪽에서 [텍스트] 탭을 클릭하여 여우 1, 두루미 1과 같이 사진 이름을 간단히 적어 보자. 페이지별로 추가해서 입력해야 하므로 적어도 여우 5, 두루미 5까지 입력하게 될 것이다. [다운로드]를 클릭한 후 파일 형식을 PNG나 JPG로 설정하여 다운로드하자.

⑪ 사진에서 배경을 제외한 여우와 두루미 이미지만 사용하고 싶다면 어떻게 해야 할까? 미리캔버스에서 바로 배경을 지울 수 있지만, 무료 계정은 하루 5회로 제한되므로 이 수업에서는 remove.bg 웹사이트(www.remove.bg/ko)나 Adobe Express 웹사이트(www.adobe.com/kr/express)를 이용해 보자. remove.bg와 Adobe Express는 계정이 없어도 무료로 이미지에서 배경을 제거할 수 있다. 배경 제거가 완료되면 파일을 다운로드한다. 불필요한 배경을 없애면 이후 엔트리 인공지능 모델 학습 시 이미지 대상의 특징에 집중할 수 있어 성능이 좋은 모델을 만드는 데 도움이 된다.

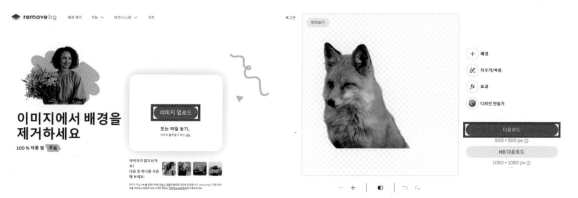

⑫ 이제 엔트리로 돌아와 인공지능 모델 학습하기를 완성해 보자. 각 클래스를 충분히 학습할 수 있도록 최소 5개 이상의 이미지 데이터를 입력한다. 2개 이상의 클래스를 만들고 나면 [모델 학습하기] 버튼을 누르고 결과 박스에서 결과를 확인할 수 있다. 학습이 완료되면 [적용하기]를 클릭한다.

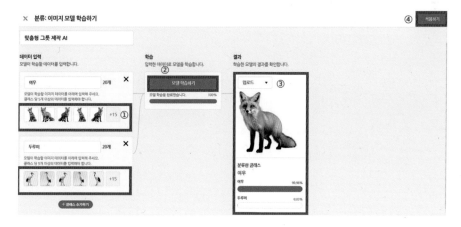

⑬ 다시 맞춤형 그릇 제작 AI 오브젝트를 클릭하고, 학습한 모델로 분류하기 블록, 만일 참 (이)라면 블록, 분류 결과가 여우▼ 인가? 블록을 이용하여 여우를 인식한 경우와 두루미를 인식한 경우를 설정해 인식한 대상에 따라 다르게 말해 보자. AI가 어떤 말을 하며 그릇을 만들면 좋을까?

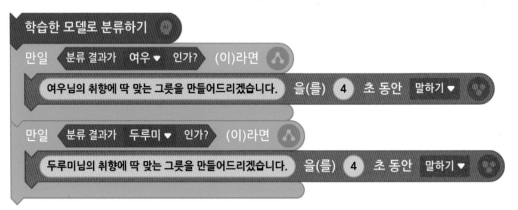

⑭ 여우와 두루미가 함께 식사하기 위해서는 그릇이 각각 1개 이상 필요할 것이다. 만든 그릇의 수를 기록하도록 변수를 만들어 보자. 자료 카테고리의 [변수 만들기]를 클릭한다. 변수 이름은 특징이 드러나는 것으로 정하는 것이 좋다. 이름까지 적었다면 [변수 추가]를 누른다. 변수에 대한 자세한 설명은 2-3부를 참고하자.

⑮ 그다음 〔여우 그릇▼ 값〕 블록, 〔10 ≥ 10〕 블록, 〔참 그리고▼ 참〕 블록을 결합해 판단 기준을 만들고, 〔참 이 될 때까지▼ 반복하기〕 블록을 추가해 여우 그릇과 두루미 그릇을 각각 1개 이상 만들 때까지 반복할 것이다. 〔여우 그릇▼ 에 1 만큼 더하기〕 블록을 이용해 여우 그릇과 두루미 그릇을 만들 때마다 변수에 1씩 더하는 것도 놓치지 말자. 그릇을 제작한 후 여우와 두루미의 반응도 들어보려면 학습한 모델로 분류하기를 새로 시작하기 전에 몇 초 정도 기다리면 좋을까?

[맞춤형 그릇 제작 AI]

⑯ 여우와 두루미를 위한 맞춤형 그릇을 제작하기 위하여 생성형 AI를 활용해 보자.

4. 생성형 AI로 업그레이드

생성형 AI 활용

[달리3]

달리(DALL·E)는 사용자가 입력한 텍스트 설명을 기반으로 이미지를 생성하는 인공지능 모델이다. 다양한 스타일과 디테일을 표현할 수 있으며, 초현실적인 이미지도 만들어 낸다. 사용자 요구에 맞춘 이미지 제공이 가능해 창의적인 작업 수행에 활용된다. Open AI 플랫폼 회원 가입 후 무료 혹은 유료 구독제로 이용할 수 있으며, 13세에서 18세 사이의 사용자는 법정 대리인의 동의가 필요하다.

크롬 브라우저 등에서 'Dalle'를 검색하면 여러 버전이 나온다. 그중 현재 가장 최신 버전인(2023.9. 출시) 'Dall-E 3'을 클릭한다.

본격적으로 달리와 대화하기 전, 단순히 그릇을 만들어 달라고 요구했을 때의 결과물을 보자.

이것만으로도 달리가 이미지 생성에 유용하다고 느낄 수 있다. 하지만 여우와 두루미의 특징이나 취향을 정확하게 고려하여 제작되었다고 할 수 있을까? 지금부터 달리를 십분 활용해 보자. 달리가 왜 창의적인 작품을 만드는 데 효과적인지 이해하게 될 것이다.

❶ 먼저 여우를 위한 그릇을 만들기 위해서는 무엇을 알아야 할까? 여우의 특징에 대해 달리에게 물어보자. 여우의 특징 중 더 알고 싶은 내용이 있다면 추가하여 물어 보면 된다.

> 여우의 특징에 대해 알고 싶어요.

여우는 다양한 종으로 구성된 동물로, 주로 작은 포유류를 포함한 여러 생물군에서 발견됩니다. 여우의 대표적인 특징들은 다음과 같습니다:

1. **외모**:
   - 여우는 날렵한 체형과 긴 꼬리를 가지고 있습니다. 털 색은 종에 따라 다르지만, 일반적으로 붉은색, 갈색, 회색, 흰색 등이 혼합된 색상을 띕니다.
   - 여우의 귀는 크고 뾰족하며, 얼굴은 날씬하고 턱이 날카롭습니다.

2. **지능**:
   - 여우는 매우 영리한 동물로 알려져 있습니다. 상황에 따라 적응하고 문제를 해결하는 능력이 뛰어나며, 사냥과 먹이 찾기에서 이 지능을 활용합니다.

3. **서식지**:
   - 여우는 전 세계에 걸쳐 다양한 환경에서 서식합니다. 숲, 사막, 초원, 심지어 도시 지역에서도 발견될 수 있습니다. ↓

> 여우의 생김새와 사는 곳에 대해 자세히 설명해 주세요.

여우의 생김새

여우는 독특하고 매력적인 외모를 가진 동물로, 전 세계에 걸쳐 다양한 종이 존재합니다. 대표적인 여우의 생김새는 다음과 같은 특징을 가지고 있습니다:

1. **머리와 얼굴**
   - **날렵하고 뾰족한 머리**: 여우의 머리는 날렵하고 뾰족한 모양을 하고 있습니다. 이는 여우가 빠르게 움직이며 사냥감을 포착하고, 좁은 공간을 통과하는 데 유리하게 해줍니다.
   - **삼각형 모양의 얼굴**: 여우의 얼굴은 삼각형에 가깝고, 날렵한 턱선과 길쭉한 코를 가지고 있습니다. 이 얼굴 모양은 여우가 먹이를 물어 뜯기 좋게 만들어줍니다.
   - **큰 귀**: 여우는 크고 뾰족한 귀를 가지고 있습니다. 이 귀는 소리를 민감하게 감지할 수 있도록 발달되어 있어, 사냥감이나 포식자의 소리를 멀리서도 감지할 수 있습니다. 특히, 페넥 여우와 같은 사막 여우는 귀가 매우 크고 열을 방출하는 기능을 가지고 있어 뜨거운 기후에 적응할 수 있습니다. ↓

❷ 달리의 설명에서 고려하고 싶은 내용을 몇 가지 고른다. 선택한 여우의 특징을 달리에게 설명하고, 어떤 특징의 그릇을 만들어야 하는지 물어보자. 형태나 재질 외에 또 어떤 점을 생각해 보면 좋을까?

> 여우는 날렵하고 뾰족한 머리를 가지고 있고 얼굴은 삼각형 모양이에요. 털은 두껍고 부드러우며 사는 곳이나 계절에 따라 색이 변하기도 해요. 이런 여우를 위해서 어떤 특징의 그릇을 만들어야 할까요?

여우의 날렵하고 뾰족한 머리와 삼각형 얼굴 모양을 고려한 그릇 디자인은 여우의 신체적 특징과 자연스러운 사용 방식을 지원할 수 있도록 설계해야 합니다. 여우의 서식 환경과 계절에 따른 탈색 변화도 고려하여 다음과 같은 특징의 그릇이 적합할 것입니다:

디자인 요소:

1. **형태**:
   - **넓고 낮은 모양**: 여우의 머리 모양과 길이를 고려해, 그릇을 넓고 낮게 디자인하여 여우가 편하게 먹이를 접근할 수 있도록 합니다.
   - **가벼운 경사면**: 그릇의 가장자리를 약간 경사지게 하여 먹이 섭취가 쉽도록 설계할 수 있습니다.

2. **크기**:
   - **적절한 깊이**: 여우가 먹이를 쉽게 접근할 수 있도록 너무 깊지 않고, 알맞은 깊이로 설정합니다.
   - **안정감 있는 넓이**: 여우가 그릇을 뒤엎지 않도록 바닥을 넓게 하여 안정감을 줍니다.

3. **재질**: ↓

> 여우는 숲에서 주로 살아요. 그럼 어떤 색상의 그릇이 좋을까요?

여우가 주로 숲에서 산다면, 그릇의 색상은 숲의 자연 환경과 조화를 이루는 것이 좋습니다. 여우가 숲에서 자연스럽게 어울리면서 편안하게 사용할 수 있도록 다음과 같은 색상들을 고려할 수 있습니다:

1. 초록색 계열
   - **올리브 그린**: 숲의 나뭇잎과 잘 어울리는 색상으로, 여우가 그릇을 자연스럽게 받아들일 수 있습니다.
   - **모스 그린**: 이끼와 비슷한 색으로, 숲의 자연 환경에 잘 녹아들 수 있습니다.

2. 갈색 계열
   - **브라운**: 나무 껍질이나 땅의 색상을 반영한 갈색은 숲속에서 자연스러운 선택입니다.
   - **테라코타**: 따뜻한 갈색 톤은 여우가 자연스럽게 느끼며 사용할 수 있는 색상입니다.

3. 회색 계열 ↓

❸ 이제 여우를 위한 그릇의 특징을 생각하며 달리와 함께 맞춤형 그릇을 만들어 보자. 달리로 이미지를 생성할 때는 그릇의 모양, 재질, 색상, 장식을 고려하여 문장으로 입력하는 것이 더 정확한 결과를 얻을 수 있다. 앞에서 달리에게 추천받은 그릇의 특징 중 사용자가 원하는 특징을 골라 달리에게 만들어 달라고 말해 보자. 여우는 어떤 모양, 재질, 색상, 장식의 그릇을 만들어 주면 좋아할까?

> 넓고 납작한 그릇을 만들어 주세요. 재질은 부드럽고 안전한 세라믹이고, 색상은 올리브 그린색이에요. 그릇 옆면에는 귀여운 여우 발자국 무늬가 있어요. 이 그릇을 여우가 받으면 좋아할 거예요.

❹ 이번에는 두루미의 특징을 생각하며 어떤 특징의 그릇을 만들면 좋을지 달리와 대화를 통해 찾아내자. 두루미가 좋아할 모양, 재질, 색상, 장식은 무엇일까? 달리에게 설명해 맞춤형 그릇을 만들어 보자.

> 두루미의 특징에 대해 알고 싶어요.

두루미(Crane)는 우아하고 아름다운 외모와 독특한 생태적 특성으로 잘 알려진 대형 조류입니다. 두루미는 전 세계에 걸쳐 다양한 종이 있으며, 주로 습지와 평야에서 서식합니다. 두루미의 주요 특징은 다음과 같습니다:

1. 외모

- **몸 크기:** 두루미는 큰 몸집을 가지고 있습니다. 대부분의 종은 키가 1m 이상이며, 날개를 펼쳤을 때 폭이 2m에 이르는 경우도 있습니다.
- **긴 다리와 목:** 두루미는 매우 긴 다리와 목을 가지고 있어 얕은 물에서 쉽게 걸어다니며 먹이를 찾을 수 있습니다. 긴 다리는 물이나 진흙에서 이동하기에 유리하며, 긴 목은 물 속 깊이 있는 먹이를 쉽게 잡을 수 있게 합니다.
- **날씬한 몸매:** 두루미의 몸은 날씬하고 우아한 형태로, 이는 두루미의 비행에 적합하도록 진화한 것입니다.
- **깃털 색상:** 두루미의 깃털 색상은 종에 따라 다르지만, 일반적으로 흰색, 회색, 검은색이 주를 이루며, 머리와 목 부위에 빨간색이나 검은색의 독특한 무늬가 있는 경우가 많습니다.

2. 행동 및 습성

> 두루미는 긴 부리와 목을 가지고 있어요. 물 속이나 진흙 속에 있는 먹이를 찾아 먹는 식성이 있어요. 이런 두루미를 위해서 어떤 특징의 그릇을 만들어야 할까요?

두루미의 긴 부리와 목, 그리고 물 속이나 진흙 속에서 먹이를 찾아 먹는 식성을 고려한 그릇을 설계하려면 다음과 같은 특징을 반영하는 것이 좋습니다:

1. 길이와 크기

- **길고 넓은 그릇:** 두루미의 긴 목과 부리를 고려하여 그릇은 길고 넓게 설계하는 것이 좋습니다. 길이는 약 10~15cm 정도로, 두루미가 부리를 깊숙이 넣어 먹이를 찾을 수 있도록 해야 합니다. 넓이는 두루미가 머리를 자유롭게 움직이며 먹이를 찾을 수 있을 만큼 충분히 넓어야 합니다.

2. 물이나 진흙을 담을 수 있는 구조

- **물과 진흙 담기 용이한 디자인:** 두루미가 자연에서 먹이를 찾는 방식에 맞추어, 그릇은 물이나 진흙을 쉽게 담을 수 있는 구조로 만들어야 합니다. 그릇의 바닥은 약간 경사진 형태로 설계하여, 두루미가 물을 흘리지 않고 먹이를 쉽게 찾을 수 있도록 합니다.

> 두루미의 서식지를 고려하면 어떤 색상이 좋을까요?

두루미의 서식지를 고려한 그릇의 색상 선택은 자연 환경과 조화를 이루어 두루미가 편안함을 느낄 수 있도록 해야 합니다. 두루미는 주로 습지, 호수, 강가, 논 등 물가에서 서식하므로, 이러한 환경과 잘 어울리는 색상을 선택하는 것이 좋습니다. 다음과 같은 색상을 고려할 수 있습니다:

1. 청록색(Teal) 또는 물빛(Bluish-green)

- **물과 자연스러운 조화:** 습지나 호수의 물빛과 조화를 이루는 청록색이나 물빛은 두루미의 자연스러운 서식지를 반영하여, 그릇이 환경에 잘 녹아들게 합니다. 이 색상은 두루미에게 심리적 안정감을 줄 수 있습니다.

2. 갈색(Brown)

- **진흙이나 땅 색상과의 조화:** 갈색은 진흙이나 땅의 색상을 반영하여, 두루미가 자연스럽게 받아들일 수 있는 색상입니다. 두루미가 진흙 속에서 먹이를 찾는 습성을 고려하면, 갈색은 매우 적합한 색상입니다.

3. 회색(Gray)

- **바위나 모래 색상과의 조화:** 회색은 습지의 바위나 모래와 잘 어울리며, 두루미가 익숙한 환경의 색상입니다. 이 색상은 두루미에게 자연스러운 느낌을 줄 수 있습니다.

> 깊고 넓은 그릇을 만들어 주세요. 재질은 물과 진흙을 담을 수 있는 튼튼한 세라믹이에요. 색상은 연한 하늘색이에요. 그릇 옆면에는 물결 무늬가 있어요. 이 그릇을 두루미가 받으면 좋아할 거예요.

두 방식의 결과물 차이를 알겠는가? 달리와 대화를 통해 이미지를 생성하는 경우 이미지 제작 과정에서 사용자와 생성형 AI가 협력하여 창의적인 해결책을 도출할 수 있으며, 이미지의 세부적인 요소를 명확하게 반영할 수 있다. 그 결과 사용자의 의도에 더 부합하고, 맞춤화된 결과물을 얻을 가능성이 높아진다.

<대화 없이 이미지 생성>

<대화를 통해 이미지 생성>

❺ 원하는 이미지를 생성했다면 컴퓨터에 이미지를 저장하자. 달리에서 이미지를 다운로드하면 웹 이미지 포맷이기 때문에 엔트리에 바로 업로드할 수 없다. 따라서 컴퓨터에 있는 캡처 도구를 활용해 캡처하여 이미지 파일로 저장할 것이다. [찾기]→[캡처 도구]→[캡처]→[저장하기] 순으로 진행해 보자. 이미지를 여러 개 생성했다면 그중 가장 마음에 드는 여우 그릇과 두루미 그릇을 저장한다.

여우를 위해 디자인된 넓고 납작한 세라믹 그릇이 준비되었습니다. 이 그릇은 올리브 그린색으로, 옆면에는 귀여운 여우 발자국 무늬가 있습니다. 이 그릇은 여우가 편안하게 사용할 수 있도록 만들어졌습니다. 여우가 분명히 좋아할 거예요!

❻ 이대로 엔트리에 업로드해도 되지만, 배경을 지워 그릇만 나오게 이미지를 저장하면 더 자연스러운 스토리 장면을 표현할 수 있지 않을까? 앞에서 사용한 remove. bg나 Adobe Express를 이용해 배경을 제거한 후 다운로드한다.

① 이제 엔트리로 돌아와 맞춤형 그릇을 제공해 보자. [오브젝트 추가하기]를 클릭
한다.

② [파일 올리기] 버튼을 클릭하여 여우 그릇과 두루미 그릇 파일을 업로드하자.
파일이 업로드된 후에는 [추가하기] 버튼을 눌러 목록에 여우 그릇과 두루미
그릇 오브젝트가 들어간 것을 확인할 수 있다.

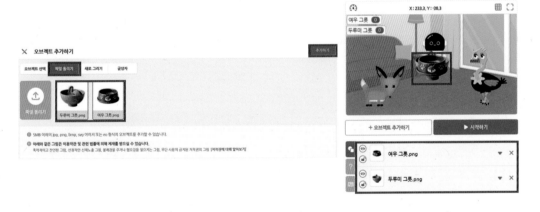

③ 여우와 두루미를 위한 맞춤형 그릇을 제공할 신호를 만들어 보자. 시작 카테고리의 [신호 만들기]를 선택하고 신호 이름을 정해 [신호 추가]를 한다.

④ 맞춤형 그릇 제작 AI 오브젝트를 클릭하고, [여우 그릇 ▼ 신호 보내기] 블록을 이용해 인식된 대상에 맞춰 그릇 제공 신호를 보내자.

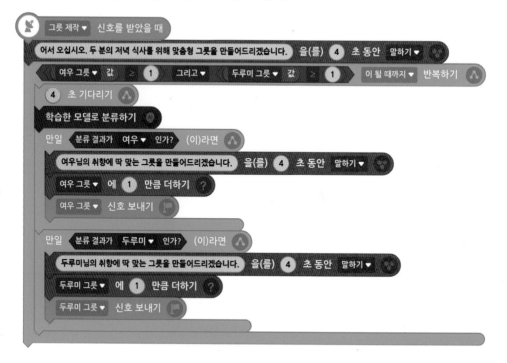

⑤ 여우 그릇 오브젝트, 두루미 그릇 오브젝트를 클릭하고, 여우 그릇과 두루미 그 릇은 처음 시작할 때는 보이지 않다가 맞춤형 그릇 제작 AI의 신호에 따라 맞 춤형으로 제공된다.

⑥ 맞춤형 그릇 제작 AI가 그릇을 만들고, 이를 여우와 두루미에게 주는 것처럼 표현하려면 어떻게 해야 할까? 맞춤형 그릇 제작 AI ▼ 위치로 이동하기 블록과 2 초 동안 여우 ▼ 위치로 이동하기 블록을 이용해 더 자연스러운 장면을 연출해 보자.

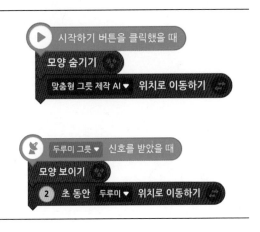

★ 블록 TIP

사과나무▼ 위치로 이동하기	**2 초 동안 사과나무▼ 위치로 이동하기**
이 오브젝트가 선택한 위치로 이동한다. 목록 상자(▼)를 클릭하면 오브젝트나 마우스 포인터를 선택해 해당 위치로 이동할 수 있다.	입력한 시간 동안 이 오브젝트가 선택한 항목의 위치로 이동한다. 목록 상자(▼)를 클릭하면 오브젝트나 마우스 포인터를 선택해 해당 위치로 이동할 수 있다.
시작하기 버튼을 클릭했을 때 **사과나무▼ 위치로 이동하기**	**시작하기 버튼을 클릭했을 때** **2 초 동안 사과나무▼ 위치로 이동하기**
엔트리 오브젝트가 사과나무 위치로 한 번에 이동한다. 마치 순간 이동을 한 것처럼 보인다.	엔트리 오브젝트가 2초 동안 미끄러지듯 사과나무 위치로 이동한다. 입력한 시간이 길수록 속도가 느리게 이동한다.

⑦ 끝으로, 맞춤형으로 그릇을 제공받으면 여우와 두루미는 어떤 말을 할지 생각
해 보자. 여우 오브젝트, 두루미 오브젝트를 클릭하고, `안녕! 을(를) 4 초 동안 말하기 ▼`
블록을 이용해 지난 저녁 식사 때의 잘못을 돌아보고 서로에게 하고 싶은 말을
해볼까?

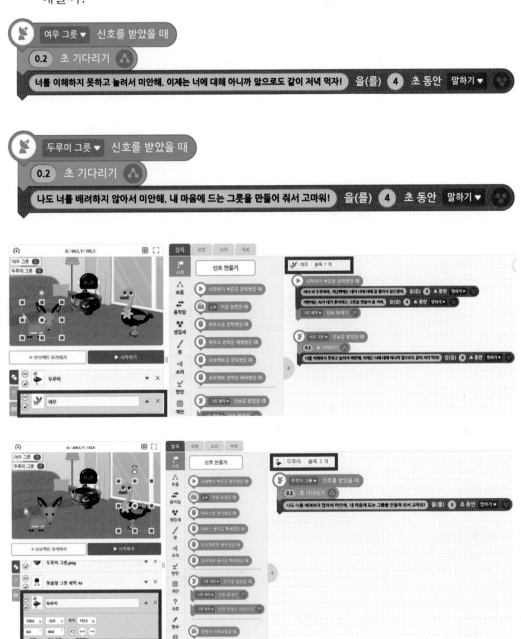

1장

2장

3장

3. 엔트리 AI 모델 with 생성형 AI

캐릭터	최종 코드

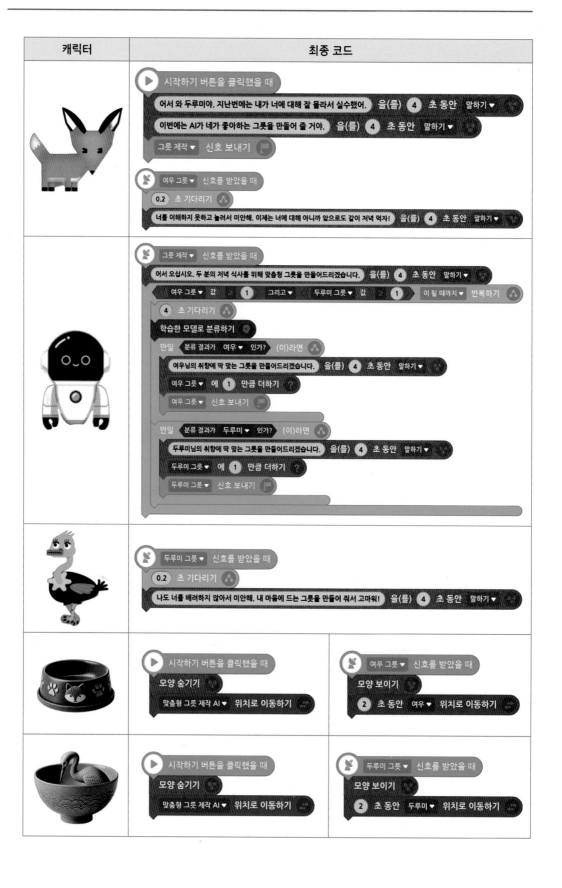

스토리텔링 확장하기

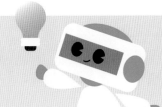

Q. 맞춤형 그릇 제작 AI가 있었다면 여우와 두루미는 어떤 도움을 받을 수 있었을까요?
Q. 새로 알게된 점, 느낀 점, 아쉬운 점, 더 발전시키고 싶은 점을 써 봅시다.

엔트리 프로그래밍

3-2
양치기 소년의
거짓말 구분하기
(뤼튼-텍스트 활용)

1. 엔트리 AI 모델 탐구하기

① AI 블록

지도학습

분류: 텍스트
직접 작성하거나 파일로 업로드한 텍스트를 분류할 수 있는 모델을 학습합니다.

① 모델의 이름을 설정한다.
② 텍스트 데이터를 입력한다. 5개 이상의 데이터가 필요하다.
③ 모델 학습 후
④ 결과를 확인할 수 있다.

학습 데이터로 입력한 텍스트를 클래스로 직접 분류하는 모델을 만들 수 있다. 텍스트의 의미가 아니라 형태가 얼마나 비슷한지를 기준으로 분류하는 모델이다.

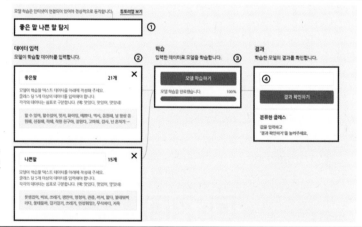

학습한 모델로 분류하기	데이터 입력 팝업 창을 열어, 입력한 데이터를 학습한 모델로 분류해 준다.
엔트리 을(를) 학습한 모델로 분류하기	블록 값에 입력한 텍스트를 학습한 모델로 분류해 준다. 데이터 입력 팝업 창이 열리지 않는다.
분류 결과	입력한 데이터를 학습한 모델로 분류한 결과를 가져오는 값 블록이다.

좋은말 ▼ 에 대한 신뢰도	입력한 데이터가 분류된 클래스에 대한 신뢰도를 가져온다. 목록 상자(▨▼)를 클릭하면 신뢰도를 가져올 클래스를 선택할 수 있다.
분류 결과가 좋은말 ▼ 인가?	입력한 데이터가 선택한 클래스와 가장 비슷하면 참, 아니면 거짓으로 판단하는 블록이다. 목록 상자(▨▼)를 클릭하면 확인할 클래스를 선택할 수 있다.

② 핵심 기능 콕콕!

1. 사용자의 대답을 받는다.
2. 대답을 학습한 모델로 분류한다.
3. 분류 결과를 알려 준다.

1. 사용자의 대답을 받는다.
2. 대답을 학습한 모델로 분류한다.
3. 분류 결과에 따라 다양한 반응을 프로그래밍할 수 있다.

1장

2장

3장

3. 엔트리 AI 모델 with 생성형 AI

★ 블록 TIP

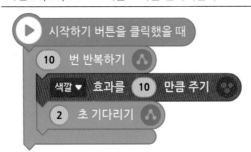

색깔 효과를 10만큼 주는 것으로, 이 블록을 반복한다면 10, 20, 30으로 색깔 효과를 변화시킨다.

색깔 효과를 10으로 정하는 것으로, 이 블록을 반복하여도 색깔 효과는 10 그대로다.

색깔 효과가 10, 20, 30, …, 100으로 총 10번 바뀌어 오브젝트의 색이 10번 바뀐다.

색깔 효과가 10으로 정해져서 10번 반복해도 그대로 10이다.

2. 스토리 만나기

이야기에 빠져 봐요

한 마을에 양치기 소년이 살고 있었다. 그는 매일 쳇바퀴 같은 일상이 지루하게 느껴져, 마을 사람들을 놀리기 위해 "늑대가 나타났다!"라고 거짓말을 하고 말았다. 마을 사람들은 급히 달려왔지만, 소년은 그들이 오자마자 웃으며 거짓말을 했다고 고백하는 것이었다. 이 일이 반복되자 마을 사람들은 양치기 소년을 믿지 않게 되었다. 정말로 늑대가 나타난 날 소년의 외침에는 아무도 도와주러 오지 않았고, 결국 소년은 늑대에게 자신의 양들을 모두 잃게 되었다.

거짓말을 반복한 양치기 소년도 잘못이지만, 마을 사람들에게 거짓말을 구분할 수 있는 능력이 있었다면 어땠을까?

Q. 마을 사람들은 어떤 어려움을 겪었을까요?

Q. 양치기 소년의 거짓말을 어떻게 구분할 수 있을까요?

스토리텔링 미션
☆ 양치기 소년의 거짓말 구분하기 ☆ 가짜 뉴스에 사용되는 언어 탐지하기

1장

2장

3장

3. 엔트리 AI 모델 with 생성형 AI

캐릭터	캐릭터의 할 일
	– 시작하면 말을 "~~~"라고 한다. – 사용자의 대답을 물어본다.
코드 써보기	[시작하기] ~ 말하기 블록
	~ 캐릭터는 ~
코드 써보기	
	~ 캐릭터는 ~
코드 써보기	

3. AI로 스토리텔링 문제 해결하기

① [오브젝트 추가하기] 버튼을 눌러 맥락에 맞는 화면을 디자인한다. 양치기 소년 오브젝트, 들판 배경, 양 오브젝트 등을 선택할 수 있다.

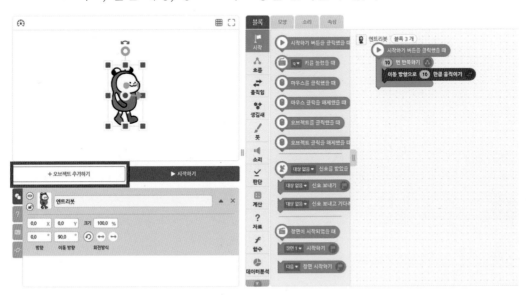

② 블록을 이용하여 상황을 설명하고, 블록을 이용하여 거짓말의 내용을 입력받을 것이다. 두 블록의 차이점은 2-1부를 참고하자. 사용자가 입력한 값은 대답 값에 저장된다.

③ 이제 가짜 뉴스를 판독하는 AI 모델을 제작해 보자. [인공지능 모델 학습하기]
에서 [분류: 텍스트] 모델을 선택한다. 모델의 제목과 레이블의 이름은 자유롭
게 설정해도 좋다. 이제 관련한 텍스트 데이터를 모으기 위해 생성형 AI를 활
용해 볼 것이다.

4. 생성형 AI로 업그레이드

생성형 AI 활용

[뤼튼]

뤼튼은 챗GPT와 비슷한 텍스트 기반 생성형 AI이며 자연어 처리를 바탕으로 다양한 기능을 제공한다. 뤼튼에 대한 자세한 설명은 2-3부를 참고해 보자. 이번 프로젝트에서는 'AI 과제와 업무' 기능을 사용해 볼 것이다.

❶ 양치기 소년의 거짓말을 생활 속 '가짜 뉴스'로 확장, 연계하여 보자. 뤼튼에 '가짜 뉴스'의 특징에 대해 물어보는 것이다.

인터넷 속 거짓뉴스를 구분하는 방법이 있을까?

🗡 답변

인터넷에서 거짓뉴스를 구분하는 방법은 여러 가지가 있습니다. 다음은 몇 가지 주요 방법입니다:

1. **출처 확인**: 뉴스의 출처가 신뢰할 수 있는지 확인합니다. 잘 알려진 뉴스 매체나 공식 기관에서 제공하는 정보인지 검토하세요.
2. **작성자 확인**: 기사를 작성한 기자나 작가의 신뢰성을 확인합니다. 그들의 경력이나 전문성을 살펴보는 것이 중요합니다.
3. **날짜 확인**: 기사의 날짜가 최신인지 확인합니다. 오래된 정보가 현재의 상황에 맞지 않을 수 있습니다.
4. **다양한 출처와 비교**: 동일한 사건에 대한 여러 출처의 보도를 비교하여 일관성을 확인합니다. 여러 매체에서 비슷한 내용을 보도하고 있는지 확인하세요.
5. **사실 확인 사이트 이용**: Snopes, FactCheck.org와 같은 사실 확인 웹사이트를 활용하여 정보의 진위를 검증합니다.
6. **감정적 반응 주의**: 기사가 지나치게 감정적이거나 극단적인 언어를 사용하는 경우, 신뢰성이 낮을 수 있습니다. 논리적이고 중립적인 표현을 사용하는 기사를 선호하세요.
7. **사진 및 비디오 검증**: 사용된 이미지나 비디오가 조작되지 않았는지 확인합니다. 이미지 검색 도구를 사용하여 출처를 확인할 수 있습니다.

이러한 방법들을 통해 인터넷에서 거짓뉴스를 보다 효과적으로 구분할 수 있습니다.

↓

🔗 해결할 과제를 설명해 주세요   →

📄 참고 자료

Ⓚ 한국콘텐츠진흥원

'가짜뉴스'를 어떻게 걸러낼 것인가? | INDUSTRY&POLICY

가짜뉴스는 대략 '잔혹한 기사제목이나 의도적으로 조작된 사진과 영상을 혐오목...

우리문화신문

사실과 한 끗 차이, 가짜뉴스를 피하는 방법

이번 글에서는 가짜뉴스의 위험성과 가짜뉴스를 구별하는 방법에 대해 알아본다. ...

Ⓝ 네이버 포스트

올바른 뉴스 소비를 위한 가짜뉴스 구별법 3가지!

... 있다고 합니다. 그래서 오늘은 진짜뉴스와 가짜뉴스 구별하는 방법을 알려드리...

Ⓑ BBC

페이크 뉴스: 가짜뉴스, 어떻게 구분할 수 있을까

가짜보도를 구별하는 방법, 의외로 간단합니다. 대부분의 가짜보도는 조악한 문제...

❷ 그중 텍스트 모델로 만들기 적합한 6번 항목에 대해 더 자세히 물어보았다.

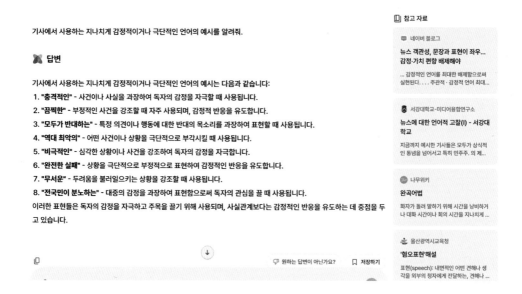

❸ 이번에는 반대되는 맥락의 질문을 해 본다. 논리적이고 객관적인 기사에서 자주 사용되는 표현을 물어보았다.

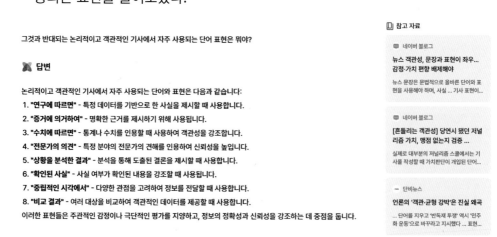

❹ 뤼튼의 경우 추천 질문을 제공하기도 하니 참고해도 좋다. 또 프롬프트에 대한 답변이 예시와 완전히 같게 나오지 않더라도 검색을 통해 자신만의 결과를 얻어가는 과정이 중요하다는 것을 잊지 말자.

추천 질문

논리적이고 객관적인 기사에서는 어떤 데이터나 통계를 사용하나요?

정보를 보다 신뢰성 있게 전달하기 위해 쓰이는 표현 방식에는 어떤 것들이 있나요?

객관적인 시각에서 사건이나 현상을 분석할 때 주의해야 할 점은 무엇인가요?

① 해당 단계에서 생성형 AI를 활용하여 텍스트를 수집하기 어렵다면 아래의 추천 단어들을 참고하자.

가짜 뉴스	진짜 뉴스
충격적인, 끔찍한, 모두가 반대하는, 역대 최악의, 비극적인, 완전한 실패, 무서운, 전 국민이 분노하는, 최악의 실패	연구에 따르면, 증거에 의하면, 수치에 따르면, 전문가의 의견, 확인된 사실, 비교 결과, 조사 결과, 자료에 따르면, 전문가의 분석, 다수의 연구 결과, 명확한 증거, 검증된 정보

② 이제 텍스트 모델을 학습시켜 볼 것이다. 텍스트 모델의 경우 단어의 맥락을 파악하는 것이 아니라 유사성을 학습하는 것이므로, 혹시 단어를 입력한 결과가 제대로 나오지 않을 경우에는 비슷한 단어를 추가로 학습시켜 줄 필요가 있다.

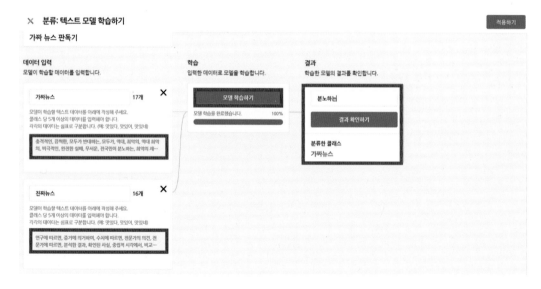

③ 이제 뉴스 판독 결과에 따라 프로그래밍을 해 보자. 사용자가 입력한 뉴스 값을 분류하기 위해 대답 블록과 엔트리 을(를) 학습한 모델로 분류하기 블록을 결합해 준다. 이후 만일 참 (이)라면 블록을 활용하여 선택 구조를 만들어 보겠다.

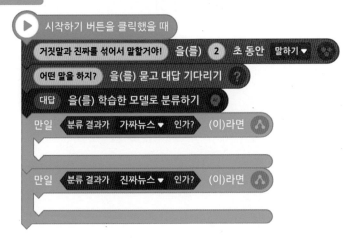

④ 선택 구조에는 자유로운 프로그래밍이 가능하다. 본 프로젝트에서는 진짜 뉴스일 경우에만 마을 사람들이 몰려오도록 만들고자 한다. 마을 사람들 오브젝트를 추가하고, 오브젝트를 등장시킬 신호를 만들어 준다. 신호에 관한 자세한 설명은 2-3부를 참고하면 된다.

1장

2장

3장

3. 엔트리 AI 모델 with 생성형 AI

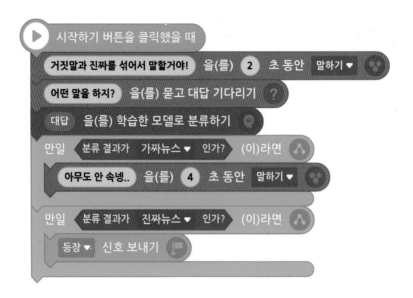

⑤ 마을 사람들 오브젝트는 처음 프로그램이 시작했을 때는 보이지 않다가, 진짜 뉴스일 경우에만 등장하도록 할 것이다.

⑥ 이때 `x: 0 y: 0 위치로 이동하기` 블록과 `2 초 동안 x: 10 y: 10 만큼 움직이기` 블록은 이동하는 모습에 차이가 있으니 참고하자. 이동하는 모습의 차이점은 3-1부의 설명을 참고해도 좋다.

둘 중 원하는 블록으로 마을 사람들 오브젝트를 등장시켜 볼 것이다. 블록에 넣을 좌푯값은 마우스 커서를 움직여 확인 가능하며 좌표에 대한 설명은 2-5부를 참고하자.

⑦ 이제 가짜 뉴스와 진짜 뉴스를 입력하여 거짓말을 잘 탐지하는지 확인해 보자.

[가짜 뉴스]

[진짜 뉴스]

캐릭터	최종 코드
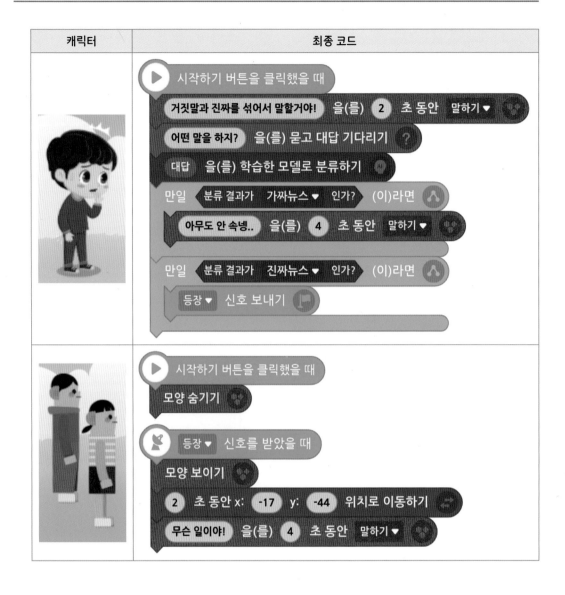	

시작하기 버튼을 클릭했을 때

거짓말과 진짜를 섞어서 말할거야! 을(를) 2 초 동안 말하기 ▼

어떤 말을 하지? 을(를) 묻고 대답 기다리기 ?

대답 을(를) 학습한 모델로 분류하기 AI

만일 분류 결과가 가짜뉴스 ▼ 인가? (이)라면

　　아무도 안 속넹.. 을(를) 4 초 동안 말하기 ▼

만일 분류 결과가 진짜뉴스 ▼ 인가? (이)라면

　　등장 ▼ 신호 보내기

시작하기 버튼을 클릭했을 때

모양 숨기기

등장 ▼ 신호를 받았을 때

모양 보이기

2 초 동안 x: -17 y: -44 위치로 이동하기

무슨 일이야! 을(를) 4 초 동안 말하기 ▼

스토리텔링 확장하기

Q. 가짜 뉴스 판독기가 있었다면 마을 사람들은 어떤 도움을 받을 수 있었을까요?
Q. 새로 알게된 점, 느낀 점, 아쉬운 점, 더 발전시키고 싶은 점을 써 봅시다.

1장

2장

3장

3. 엔트리 AI 모델 with 생성형 AI

엔트리 프로그래밍

3-3
세이렌의 유혹을 피하는 AI 귀마개 만들기
(루마 드림머신)

1. 엔트리 AI 모델 탐구하기

① AI 블록

지도학습

분류: 소리

마이크로 녹음하거나 파일로 업로드한 소리를 분류할 수 있는 모델을 학습합니다.

① 모델의 이름을 설정한다.
② 클래스를 생성하고 소리 데이터를 입력한다.
③ 모델 학습 후
④ 결과를 확인할 수 있다.

학습 데이터로 입력한 소리를 생성한 클래스로 분류하는 모델을 만들 수 있다. 소리의 파형이 얼마나 유사한지를 기준으로 분류하는 모델이다. 모델이 학습할 소리는 직접 녹음하거나 wav, mp3 파일로 올려줄 수 있다.

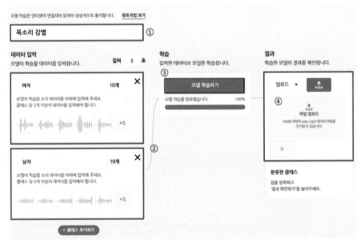

블록	설명
학습한 모델로 분류하기	데이터 입력 팝업 창을 열어 입력한 데이터를 학습한 모델로 분류해 준다.
분류 결과	입력한 데이터를 학습한 모델로 분류한 결과를 가져온다. 데이터를 입력하지 않는다면 아무것도 가져오지 않는다.
여자 ▾ 에 대한 신뢰도	입력한 데이터가 분류된 클래스에 대한 신뢰도를 가져온다. 목록 상자 (▾)를 클릭해서 신뢰도를 가져올 클래스를 선택할 수 있다.
분류 결과가 여자 ▾ 인가?	입력한 데이터가 선택한 클래스와 가장 비슷하면 참, 아니면 거짓으로 판단하는 블록이다. 목록 상자 (▾)를 클릭해서 결과를 확인할 클래스를 선택할 수 있다.

② 핵심 기능 콕콕!

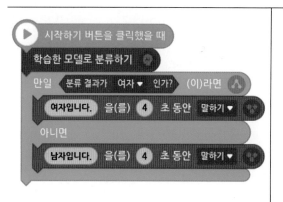

1. 소리 데이터를 받는다.
2. 입력된 소리를 학습한 모델로 분류한다.
3. 분류 결과가 여자라면 '여자입니다.'를 말한다.
4. 분류 결과가 남자라면 '남자입니다.'를 말한다.

1. 소리 데이터를 받는다.
2. 입력된 소리를 학습한 모델로 분류한다.
3. 분류 결과가 여자라면 소녀 오브젝트로 모양을 바꾸면서 '여자입니다.'를 말한다. 모양 바꾸기에 대한 설명은 2-3, 2-4부를 참고해 보자.
4. 분류 결과가 남자라면 소년 오브젝트로 모양을 바꾸면서 '남자입니다.'를 말한다.

1장 2장 3장 3. 엔트리 AI 모델 with 생성형 AI

2. 스토리 만나기

이야기에 빠져 봐요

트로이 전쟁을 마치고 자기 고향으로 돌아가던 오디세우스는 세이렌이라는 바다 요정이 사는 지역을 지나가게 된다. 세이렌은 상반신은 여자의 모습을, 하반신은 새의 모습을 하고 있었는데 아름다운 목소리로 선원들을 유혹했다. 세이렌의 신비로운 노래에 홀린 선원들은 뱃머리를 섬 쪽으로 돌려 배가 난파되거나 스스로 물에 뛰어들었다. 오디세우스는 마녀 키르케의 조언으로 세이렌의 유혹에 대해 알고 있었다. 오디세우스는 세이렌의 유혹에 빠지지 않기 위해 부하들에게 귀마개를 씌우고 자기 몸을 돛대에 결박하고 어떤 일이 있어도 풀지 말라고 당부하였다. 이윽고 바위섬 위에서 노래를 부르는 세이렌을 만나게 되는데, 과연 오디세우스와 선원들은 세이렌의 유혹을 벗어나 무사히 항해할 수 있을까?

Q. 오디세우스와 선원들은 어떤 위험에 처했나요?

Q. 세이렌의 유혹에 빠지지 않으려면 어떻게 해야 할까요?

스토리텔링 미션
☆ 세이렌의 목소리 구분하기 ☆ 신화 속 세이렌 이야기를 영상으로 만들기

캐릭터	캐릭터의 할 일
	~ 캐릭터는~
코드 써보기	
	– 시작하면 학습 모델로 분류한다. – 분류 결과가 세이렌이라면~
코드 써보기	[시작하기] ~ 소리 모델 학습
	~오브젝트는~
코드 써보기	
	~ 캐릭터는~
코드 써보기	

3. AI로 스토리텔링 문제 해결하기

① [오브젝트 추가하기]에서 선원 오브젝트, 바다 배경, 귀마개 오브젝트, 배 오브
젝트, 섬 오브젝트, 세이렌 오브젝트 등을 선택한다.

원하는 오브젝트가 없을 때는 상상력을 동원하여 비슷한 오브젝트를 활용할 수
도 있다. 해당 프로젝트에서는 모양이 비슷한 '긴 머리카락' 오브젝트를 귀마개
오브젝트로 활용하였다. 또는 [오브젝트 추가하기]-[파일 올리기]에서 원하는
이미지 파일을 삽입한다. 이미지는 Pixabay, Pexels 등의 무료 이미지 사이트
에서 다운로드할 수 있는데, 여기에서는 illust AC 사이트에서 세이렌 이미지
파일을 저장했다.

②  블록을 이용하여 세이렌의 유혹에 대해 경고하는 말이
나 걱정하는 말 등을 자유롭게 적어 보자.

③ [인공지능 모델 학습하기] 버튼을 클릭해서 입력한 소리를 분류해 주는 모델을 만들어 보자. 소리 모델에서 녹음 모드는 마이크 사용이 가능한 브라우저에서만 사용할 수 있으므로 크롬이나 웨일 브라우저를 사용하는 것을 권장한다.

④ 모델 학습하기 창이 생성되면 모델의 이름을 정한다. 다음으로는 소리 데이터를 입력하고 분류할 클래스를 만들어 보자. 예시 작품에서는 '세이렌'과 '선원 목소리' 클래스를 만들어 보았다. 클래스 이름은 학습 모델이 알려 주는 결괏값이 되기 때문에 알아보기 쉽게 정하는 것이 좋다. 클래스 추가하기를 클릭하면 클래스를 추가할 수 있다.

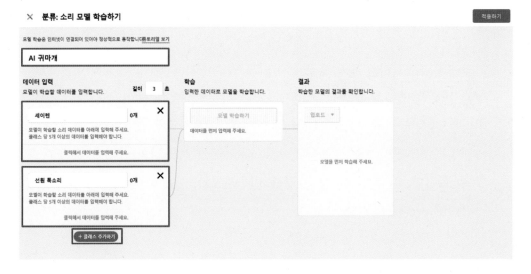

⑤ 소리 데이터를 입력하는 방법은 목록 상자를 눌러서 [업로드]와 [녹음] 중에 선택할
수 있다. [업로드]를 통해서는 소리 파일을 올릴 수 있는데, 이때 소리 파일은 10MB
이하의 wav, mp3 형식 파일이어야 한다. [녹음]은 기기와 연결된 마이크를 통해 직
접 녹음한 소리를 올리는 것이다. 녹음은 1~3초까지 가능하며 양쪽의 빨간색 선을
드래그하여 소리의 앞과 뒤를 원하는 만큼 잘라내는 트리밍 기능을 사용할 수 있다.

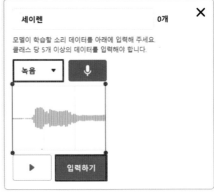

정확도가 높은 AI 프로그램을 만들기 위해서는 좋은 데이터를 입력하는 것이
중요하다. 소리 모델은 소리의 파형이 얼마나 유사한지를 기준으로 분류하기
때문에 클래스별로 비슷한 파형의 데이터를 입력하는 것이 모델의 신뢰도를 높
이는 데 도움이 된다.

⑥ 파일을 [업로드]하는 방법으로 데이터를 입력하기 위해서 AI 보이스를 만들어
주는 클로바 더빙(https://clovadubbing.naver.com/)을 사용해 세이렌과 선원 소리 데
이터를 생성해 보았다. 생성한 소리 파일로 모델 학습을 했지만 결괏값이 정확
하게 나오지 않았는데, 사람이 들었을 때는 여자 목소리와 남자 목소리를 구분
할 수 있지만, 파형의 유사도를 기준으로 분류하는 AI 소리 모델에서는 신뢰도
가 떨어지기 때문이었다.

⑦ 이러한 점을 보완하기 위해 세이렌과 선원 목소리의 파형을 달리해서 녹음해 보자. 녹음 시 화면에 보이는 노란색 파형 이미지를 참고하여 세이렌 클래스는 진폭이 큰 파형으로, 선원 목소리 클래스는 진폭이 작은 파형으로 녹음하였다. 각 클래스가 충분히 학습할 수 있도록 클래스당 최소 5개 이상의 소리 데이터를 입력한다. 2개 이상의 클래스에 데이터를 입력하면 [모델 학습하기] 버튼을 클릭하고 결과 박스에서 결과를 확인할 수 있다.

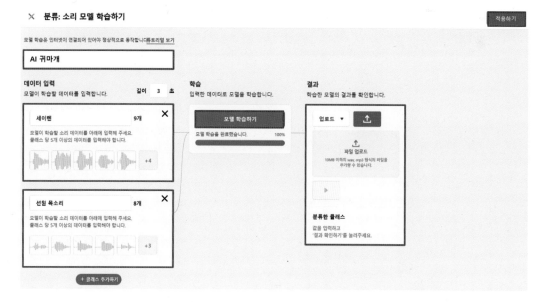

⑧ 이제 소리 분류 결과에 따라 대사를 말하고 세이렌의 노랫소리일 경우 AI 귀마 개가 나타나도록 만들어 보자. 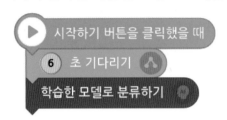 블록과 ‎ ‎ 블록 을 사용해서 앞의 대사가 끝나면 학습한 모델로 소리를 분류하도록 한다.

데이터 입력 창이 뜨면 목록 상자에서 [업로드]나 [녹음]을 눌러서 분류하고자 하는 소리 데이터를 입력한다. 소리의 파형을 생각하면서 소리 데이터를 입력 하면 더 정확한 분류 결괏값을 확인할 수 있다.

⑨ 조건문을 사용해서 분류 결과가 세이렌일 때와 아닐 때의 대사를 다르게 표현해 보자. 조건문 안에 들어갈 조건은 〈10 = 10〉, 〈분류 결과〉 블록을 사용해서 〈분류 결과 = 세이렌〉으로 표현할 수 있다. 〈안녕! 을(를) 4 초 동안 말하기▼〉 블록으로 세이렌일 때와 아닐 때로 나누어 말한다.

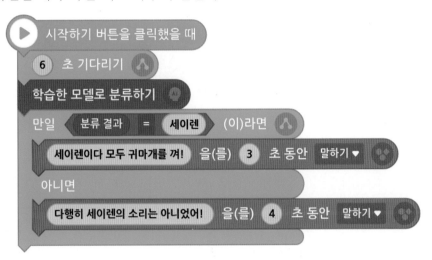

⑩ 귀마개 신호와 세이렌 신호를 추가하면 조금 더 재미있는 장면을 만들 수 있다. 신호 블록에 대한 자세한 설명은 2-3부를 참고하자. 분류 결과가 세이렌이면 귀마개가 나타나도록 귀마개 신호를, 분류 결과가 세이렌이 아니면 세이렌이 아쉬워하는 말을 하도록 세이렌 신호를 보낸다.

⑪ 귀마개 신호를 받으면 모양을 숨기고 있던 귀마개 오브젝트가 선원들의 귀에
나타나 세이렌의 노랫소리를 막아 준다.

⑫ 세이렌 신호를 받으면 세이렌이 아쉬워하는 대사를 말한다.

캐릭터	최종 코드

4. 생성형 AI로 업그레이드

생성형 AI 활용

[루마 드림머신]

루마 드림머신은 텍스트와 이미지를 이용해 생생하고 사실적인 영상을 만들어 내는 생성형 AI이다. 자연 물리 법칙을 정확하게 구현하며 다양한 카메라 움직임을 설정해서 제작할 수 있다.

구글 계정으로 로그인할 수 있으며, 한 달에 30개의 영상을 무료로 만들 수 있다. 14세 미만의 어린이는 보호자의 동의를 얻어 구글 계정을 만들 수 있다. 루마 드림머신은 13세 미만의 어린이가 사용할 경우 부모님이나 보호자와 함께 사용할 것을 권장한다.

❶ 루마 드림머신(https://lumalabs.ai)으로 접속하여 계정을 만들어 보자. 구글 아이디를 사용해서 계정을 만들 수 있으며, 우측 상단의 [지금 시도해 보세요]를 누르면 영상 제작 화면으로 이동한다.

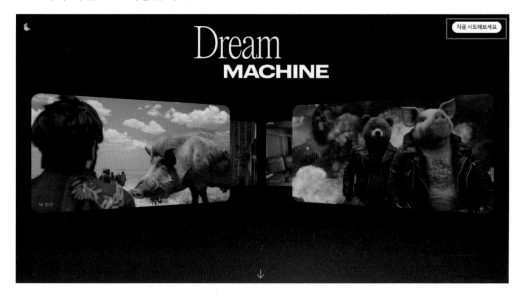

❷ 프롬프트에 만들고자 하는 영상에 대한 프롬프트를 입력하면 AI가 비디오 영상을 만들어 준다. 입력 창 하단 아이디어 버튼을 눌러서 다양한 프롬프트 예시를 참고해도 좋다. 텍스트와 이미지를 사용해서 영상을 만드는 다양한 방법을 살펴보고 싶다면 프롬프트 가이드를 눌러 보자. 정확도를 위해 파파고나 구글 번역기를 사용해서 영어로 프롬프트를 적는 것을 추천한다.

❸ 무료 버전은 접속자에 따라 영상을 구현하는 데 시간이 5시간 이상 소요될 수도 있음을 유의하자. 창작물이 만들어지면 영상을 내려받는다. 원하는 영상이 아닌 경우 프롬프트를 자세히 추가하면 한층 더 보완된 영상을 확인할 수 있다.

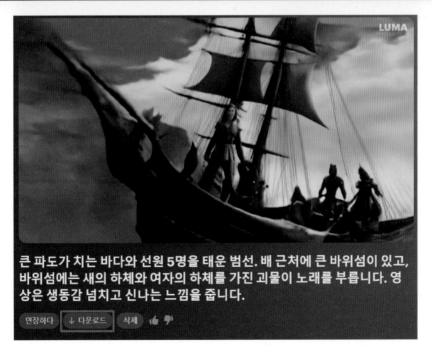

큰 파도가 치는 바다와 선원 5명을 태운 범선. 배 근처에 큰 바위섬이 있고, 바위섬에는 새의 하체와 여자의 하체를 가진 괴물이 노래를 부릅니다. 영상은 생동감 넘치고 신나는 느낌을 줍니다.

프롬프트 작성 방법

1. 영상에서 표현하고자 하는 주제, 등장인물, 사물 등을 구체적으로 작성한다.
예시) 연꽃이 둥둥 떠다니는 잔잔한 수면과 노래하는 개구리들이 있는 생동감 있는 연못

2. 동영상에 중요한 특정 세부 정보를 언급한다.
예시) 분홍색 꽃과 울창하고 높은 야자수 나무가 5그루 있다. 하늘은 노란색과 주황색
으로 물들어 간다.

3. 전달하고 싶은 감정이나 분위기를 설명한다.
예시) 동영상은 생동감 있고 박진감 넘치는 느낌을 주어야 한다.

4. 간단한 언어를 사용하는 것이 좋다.
예시) 바람에 살랑거리며 흔들리는 화분과 자고 있는 강아지가 있는 아늑한 거실

스토리텔링 확장하기

Q. AI 귀마개를 사용한 오디세우스와 선원들은 어떻게 되었을까요?

Q. 새로 알게된 점, 느낀 점, 아쉬운 점, 더 발전시키고 싶은 점을 써 봅시다.

엔트리 프로그래밍

3-4
잭을 위한
AI 도끼 만들기
(일레븐랩스)

엔트리 AI 알고리즘 설명하기

① AI 알고리즘 설명 [결정 트리]

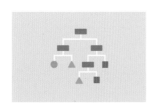

지도학습

분류: 숫자 (결정 트리)

테이블의 숫자 데이터를 예/아니오로 나누는 트리를 만들어 각각의 클래스로 분류하는 모델을 학습합니다.

결정 트리는 종류를 분류하는 알고리즘 중 하나이다. 숫자를 이용하여 어떤 분류에 속하는지 정답을 알 수 있는 것이다.

그중에서도 특히 결정 트리는 데이터가 가지고 있는 수많은 특성을 가지고 이를 분류한다. 예를 들면, 우리가 찾고자 하는 정답이 '인간', '거인', '도끼', '콩' 중에서 '콩'이라고 하자. 그럼 여기서 우린 두 가지 질문으로 "말을 할 수 있나요?", "먹을 수 있나요?"를 던질 수 있다. 이때 '네/아니오'라는 두 번의 답변만으로도 '콩'을 찾아낼 수 있는 것이다. 이와 같이 분류하는 모습이 마치 가지가 뻗어 가는 나무와 같다고 하여 결정 트리(Decision Tree)라는 이름으로 불린다.

주의할 점은 해당 알고리즘을 실제로 엔트리에서 학습하기 위해서는 해당 '콩'을 설명하는 데이터가 숫자값으로 이루어져 있어야 하고, 맞춰야 하는 분류의 정답은 '콩'처럼 이름이어야 한다는 것이다.

1. 엔트리 AI 모델 탐구하기

① AI 블록

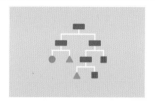

지도학습

분류: 숫자 (결정 트리)

테이블의 숫자 데이터를 예/아니오로
나누는 트리를 만들어 각각의 클래스
로 분류하는 모델을 학습합니다.

① 모델의 이름을 설정한다.

② 데이터분석 에서 미리 추가한 테이블
을 불러온다. 핵심 속성과 클래스
속성을 설정한다.

③ 모델 학습 후

④ 숫자를 입력해 보고 결과를 확인
할 수 있다.

인공지능의 지도학습을 이용하여 정답의 예시를 알려주면 예시에
서 찾은 특징으로 새로운 데이터를 분류하는 기능이다. 숫자 데이
터의 학습을 완료하고 나면 인공지능 모델이 학습한 특징을 바탕
으로 데이터를 분류하므로 학습하지 않은 데이터를 넣더라도 결괏
값이 나온다.

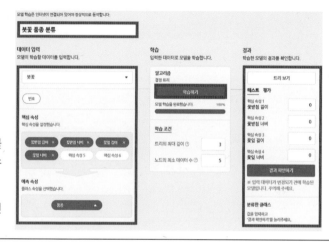

| **모델 다시 학습하기** | 변경된 모델 설정과 수정된 테이블 내용을 바탕으로 모델을 다시 학습한다. |

| **모델이 학습되었는가?** | 모델의 학습 상태를 가져오는 판단 블록이다. |

| **모델 보이기 ▼** | 모델의 학습 상태를 표시하는 창을 실행 화면에 보이게 하거나 숨긴다. |

| **학습 조건 노드의 최소 데이터 수 ▼ 을 10 으로 바꾸기** | 모델의 학습 조건을 변경한다. |

| **학습한 트리 열기 ▼** | 학습한 트리를 나타낸 창을 열거나 닫는다. |

꽃받침 길이 10 꽃받침 너비 10 꽃잎 길이 10 꽃잎 너비 10 의 분류 결과가 setosa ▼ 인가?

핵심 속성의 값을 빈칸에 입력하면 분류 결과
가 선택한 클래스인 경우 '참'을 가져온다. 설
정한 핵심 속성의 개수에 따라 값 블록을 결합
할 수 있는 개수도 함께 늘어난다.

꽃받침 길이 10 꽃받침 너비 10 꽃잎 길이 10 꽃잎 너비 10 의 분류 결과

핵심 속성의 값을 빈칸에 입력해 모델이 분류
한 클래스를 가져온다.

모델의 정확도 ▼

모델이 얼마나 정확한지 평가한 값을 가져온다.

② 핵심 기능 콕콕!

1. 사용자의 대답을 받는다.
2. 대답을 학습한 모델로 분류한다.
3. 분류 결과를 알려 준다.

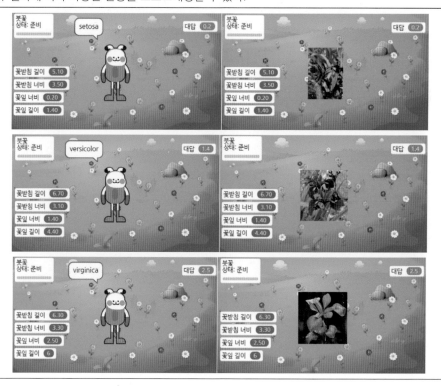

1. 사용자의 대답을 받는다.
2. 대답을 학습한 모델로 분류한다.
3. 분류 결과에 따라 다양한 반응을 프로그래밍할 수 있다.

2. 스토리 만나기

이야기에 빠져 봐요

한 마을에 잭이라는 소년이 홀어머니와 함께 살고 있었다. 어느 날 잭에게 유일한 재산이었던 소가 우유를 만들어 낼 수 없게 되자 잭은 소를 팔기 위해 길을 떠났다. 그러던 중 길에서 우연히 만난 한 노인이 마법의 콩을 건네며 소와 교환하자고 제안했다. 마법의 콩과 소를 바꾼 잭이 집에 돌아오자, 어머니는 잭을 혼내며 콩알을 창밖으로 던졌다.

다음 날, 버려진 마법의 콩은 하늘까지 뻗은 콩나무로 자라 있었다. 잭은 콩나무를 타고 올라가 거인의 집을 발견하고 몰래 거인의 금화를 한 꾸러미씩 훔쳐 콩나무를 내려왔다. 그러던 어느 날 이를 알아챈 거인은 잭의 뒤를 따라 콩나무를 내려왔다. 그때 집 마당에 나와서 잭을 기다리던 잭의 어머니가 거인이 잭을 따라 내려오는 것을 발견하고 말았다. 잭의 어머니는 어떻게 해야 거인에게서 잭을 구할 수 있을까?

Q. 잭의 어머니가 잭을 구할 수 있는 방법에는 무엇이 있을까요?

Q. 잭과 거인을 어떻게 구분할 수 있을까요?

스토리텔링 미션

☆ 인간과 거인 구분하기
☆ 가상 속 인물인 거인의 키와 몸무게 예상하기

캐릭터	캐릭터의 할 일
	- 시작하면 말을 "~~~"라고 한다. - 사용자의 대답을 물어본다.
코드 써보기	[시작하기] ~ 말하기 블록
	~ 캐릭터는 ~
코드 써보기	
	~ 캐릭터는 ~
코드 써보기	

3. AI로 스토리텔링 문제 해결하기

① [오브젝트 추가하기]를 이용하여 소년, 어머니, 나무, 도끼 오브젝트와 원하는 배경을 추가한다.

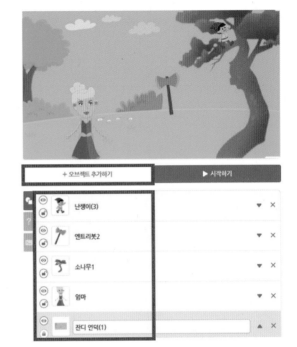

② 어머니가 하려는 말을 블록을 이용하여 입력해 보자.

③ 도끼가 처음에는 모양을 숨기고 있다가 어머니의 말이 끝나면 모양이 나타날 수 있도록 모양 보이기 , 2 초 기다리기 , 모양 숨기기 블록을 추가한다. 그리고 도끼가 등장하는 모습을 표현하기 위해 2 초 동안 방향을 90° 만큼 회전하기 , 크기를 10 만큼 바꾸기 블록을 활용해 보자.

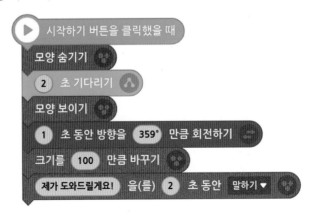

④ 장면 2를 추가하고, 도끼가 등장하면 장면 2로 넘어갈 수 있도록 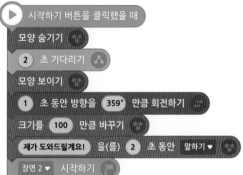 블록을 추가한다.

⑤ 장면 2에서는 도끼, 나무 오브젝트를 추가한다. 장면이 시작되면

[안녕! 을(를) 4 초 동안 말하기▼] 블록을 이용하여 이야기를 설명해 보자.

[도끼]

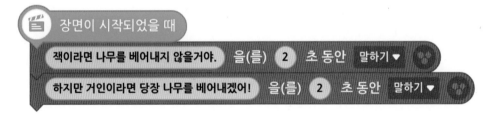

⑥ 이제 도끼가 인간과 거인을 분류할 수 있도록 키, 몸무게 등의 숫자 데이터를 분류하는 모델을 학습시켜 보자. 모델 학습에 앞서, AI가 학습하게 될 예시 데이터를 만들기 위해 데이터 분석 카테고리에 들어가 [테이블 불러오기]를 누른 후 [테이블 추가하기]를 누른다.

⑦ [새로 만들기]-[테이블 새로 만들기] 순서대로 클릭하여 직접 가상의 데이터를 입력해 보자.

⑧ 테이블 이름을 입력하고 표의 1행에 키, 몸무게, 종류를 적는다.

	A	B	C
1	키	몸무게	종류
2	160	50	인간
3	180	90	인간
4	176	66	인간
5	146	37	인간
6	120	25	인간
7	155	43	인간
8	172	59	인간
9	188	88	인간
10	100	17	인간
11	90	13	인간

⑨ 인간과 거인의 키, 몸무게를 상상하여 가상의 데이터를 입력해 본다. 가상의 데이터를 생각하는 것이 어렵다면 챗GPT 등 생성형 AI에 예시를 물어봐도 좋다.

	A	B	C
1	키	몸무게	종류
2	160	50	인간
3	180	90	인간
4	176	66	인간
5	146	37	인간
6	120	25	인간
7	155	43	인간
8	172	59	인간
9	188	88	인간
10	100	17	인간
11	90	13	인간
12	133	21	인간
13	165	53	인간
14	187	96	인간
15	170	66	인간
16	178	58	인간
17	169	70	인간
18	147	35	인간
19	162	51	인간
20	161	40	인간

21	1112	3021	거인
22	1235	4961	거인
23	1008	5162	거인
24	957	1960	거인
25	998	1888	거인
26	1302	2978	거인
27	1401	3495	거인
28	1123	1160	거인
29	1010	1756	거인
30	1296	2267	거인
31	936	1946	거인
32	899	2198	거인
33	967	2045	거인
34	1145	1006	거인
35	1064	6670	거인
36	1162	8001	거인
37	1002	6781	거인
38	996	9556	거인
39	968	7563	거인
40	1064	5554	거인

⑩ 테이블 작성이 끝났으면 [저장하기]-[적용하기]를 순서대로 누른다. 이제 데이터 분석 카테고리에 새로운 블록들이 생겼을 것이다.

⑪ 이제 인공지능 카테고리에 들어가 인공지능 모델을 학습해 보자. [인공지능 모델 학습하기]에서 [분류: 숫자(결정 트리)]를 선택한 후 [학습하기]를 누른다.

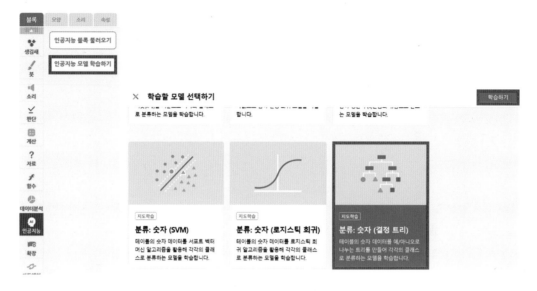

⑫ 모델 학습의 이름을 정해 준 후, 데이터 입력 메뉴의 목록 상자를 열어 이전에 작성한 테이블을 불러온다. 자동으로 뜨는 핵심 속성들(키, 몸무게)과 클래스 속성(종류)을 설정한 후 [모델 학습하기]를 클릭한다. 학습이 잘 되었는지 확인하기 위해 직접 키, 몸무게를 입력하여 테스트해 보자. 테스트 결과가 잘 나왔다면 [적용하기]를 누른 후, 인공지능 카테고리에 새로운 블록들이 생긴 것을 확인한다.

⑬ 이제 도끼가 사용자의 대답을 키, 몸무게 값에 집어넣을 수 있도록 키, 몸무게 변수를 만든다. 변수에 대한 설명은 2-3부를 참고하자.

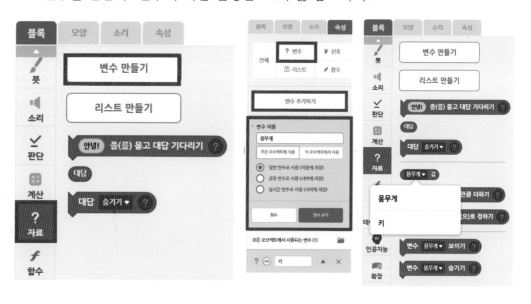

⑭ 안녕! 을(를) 묻고 대답 기다리기 , 대답 , 몸무게▼ 를 10 (으)로 정하기 를 이용하여 사용자의 대답이 키, 몸무게 변수의 값으로 지정될 수 있게 블록을 추가해 보자.

> **장면이 시작되었을 때**
> 잭이라면 나무를 베어내지 않을거야. 을(를) 2 초 동안 말하기▼
> 하지만 거인이라면 당장 나무를 베어내겠어! 을(를) 2 초 동안 말하기▼
> 키는? 을(를) 묻고 대답 기다리기
> 키▼ 를 대답 (으)로 정하기
> 몸무게는? 을(를) 묻고 대답 기다리기
> 몸무게▼ 를 대답 (으)로 정하기

1장

2장

3장

3. 엔트리 AI 모델 with 생성형 AI

⑮ [키 `10` 몸무게 `10` 의 분류 결과가 인간 ▼ 인가?] 블록 빈칸 안에 [키 ▼ 값], [몸무게 ▼ 값] 을 각각 넣어 준다. 그리고 [만일 참 (이)라면] 블록 2개에 각각 [키 키 ▼ 값 몸무게 몸무게 ▼ 값 의 분류 결과가 인간 ▼ 인가?] 블록과 [키 키 ▼ 값 몸무게 몸무게 ▼ 값 의 분류 결과가 거인 ▼ 인가?] 블록을 조립하여 블록 뭉치를 완성한다.

⑯ 분류 결과가 인간일 때는 [잭, 어서 내려와! 을(를) `2` 초 동안 말하기 ▼] 블록을 이용하여 도끼가 말을 할 수 있도록 해 보자. 분류 결과가 거인일 때는 [잘 가라, 거인아! 을(를) `2` 초 동안 말하기 ▼] [색깔 ▼ 효과를 `70` 만큼 주기], [크기를 `200` 만큼 바꾸기], [방향을 `100°` 만큼 회전하기] 블록 등을 이용하여 도끼가 말을 한 후 색깔, 크기를 바꾸고 도끼질을 하듯이 방향을 회전시킬 것이다. 이 외에도 자신만의 스타일로 도끼를 표현해 보아도 좋다.

4. 생성형 AI로 업그레이드

① 이야기의 재미를 더하기 위해 도끼의 대사를 음성으로 추가하고 나무를 베는 효
과음을 넣어 보자. 소리를 추가하기 위해 소리 탭의 [소리 추가하기]를 누른다.

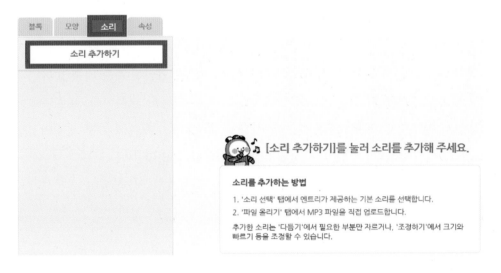

② [파일 올리기]를 누른 후 아래의 파일 올리기 아이콘을 눌러 mp3 파일을 직접
업로드할 수 있다. 업로드 후에는 [추가하기]를 눌러 소리 목록에 추가해 보자.

이제 좀 더 실감 나는 작품을 만들기 위해 도끼의 대사와 나무 베는 효과음을
생성형 AI의 오디오 합성 기능으로 직접 만들어 볼 것이다.

‖ElevenLabs

[일레븐랩스]

ElevenLabs는 AI의 음성 합성 기술을 이용하여 텍스트를 오디오로 바꿔 주는 Text to Speech 플랫폼으로, 대본을 입력하기만 하면 다양한 목소리로 대본을 읽어 주거나 내 목소리를 추출해서 대본을 읽어 준다. 이렇게 대사를 음성으로 합성해 주는 것뿐만 아니라 사용자가 텍스트로 설명한 것을 효과음으로 만들어 주는 기능도 제공한다. 프로그램을 다운로드하지 않아도 웹사이트를 통해 쉽게 체험해 볼 수 있어 최근에는 전 세계의 다양한 유튜버들이 이용하고 있다. 참고로 18세 미만은 이용할 수 없다.

❶ 포털 사이트에서 'ElevenLabs'를 검색하면 ElevenLabs 사이트에 접속할 수 있다. 사이트에 접속하여 바로 서비스를 이용해 볼 수 있다.

Google   ElevenLabs   ✕ ⌨ 🎤 📷 🔍

전체   이미지   동영상   쇼핑   뉴스   웹   지도   ⋮ 더보기   도구

> ‖ ElevenLabs
> https://elevenlabs.io ⋮
> **ElevenLabs: Free Text to Speech & AI Voice Generator | ElevenLabs**
> Making content universally accessible. From Text to Speech to AI dubbing, our tools bridge language gaps, restore voices to those who have lost them, and make ...

❷ 사이트에 접속하여 [GET STARTED FREE]를 누른다. 구글 계정으로 로그인하여 무료로 이용해 보자.

❸ Text to Speech 메뉴로 들어가 도끼의 대사를 직접 작성한 후 원하는 목소리를 정한다. [Generate speech]를 눌러 소리를 들어본 후 우측 하단에 위치한 다운로드 아이콘을 눌러 음성 파일을 저장해 보자.

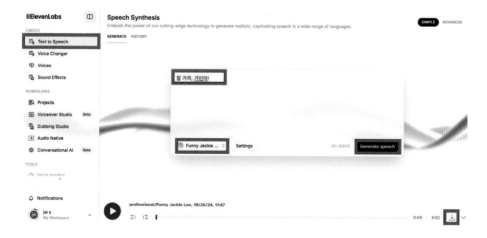

❹ Sound Effects 메뉴로 들어가 도끼가 나무를 베는 모습을 묘사하는 텍스트를 직접 작성한 후 [Generate Sound Effects]를 누른다. 이 때 한글로만 입력할 경우 의도한 것과 다른 소리를 생성해주는 경우도 있으니 영어 번역기의 도움을 받아도 좋다. AI가 제안하는 여러 가지 효과음을 들어본 후 마음에 드는 소리를 고른다. 이제 우측 하단에 위치한 다운로드 아이콘을 눌러 음성 파일을 저장해 보자.

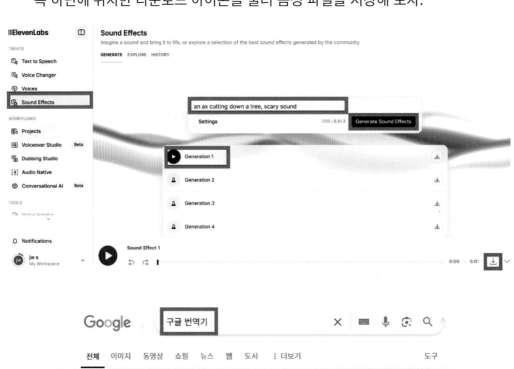

③ 생성형 AI로 만든 음성 파일과 효과음 파일의 업로드가 잘 되었는지 확인하고 [추가하기]를 누른다.

④ 모든 소리 파일은 [다듬기], [조정하기]를 이용하여 수정할 수 있다. 수정을 마치면 [저장하기]를 누른다. 추가로 소리 파일의 이름이 너무 길거나 복잡하면 이름을 바꿀 것을 권한다.

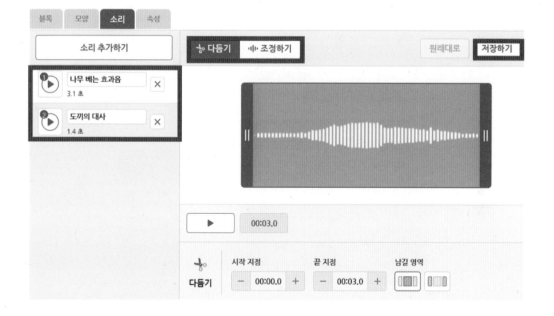

1장

2장

3장

3. 엔트리 AI 모델 with 생성형 AI

⑤ 앞서 프로그래밍한 도끼의 블록 중에서 데이터를 거인으로 분류했을 때의 블록들을 수정한다. 도끼의 대사가 말풍선으로 나오면서 동시에 소리가 재생되는 병렬 프로그래밍을 구현하기 위해 신호를 추가해 보자. 속성 탭으로 들어가 [신호]를 누른 후 [신호 추가하기]를 누른다. 신호의 이름을 정하고 [신호 추가]를 누른다. [신호]에 대한 자세한 설명은 2-3부를 참고하자.

⑥  블록 안에 있던 명령 블록들을 밖으로 빼낸 후  아래에 추가해 보자.

⑦ ⑥에서 일어나는 일련의 동작들과 동시에 소리가 재생될 수 있도록  블록을 하나 더 조립한다.

⑧  안에는  블록을 추가하여 신호를 전달하게 할 것이다.

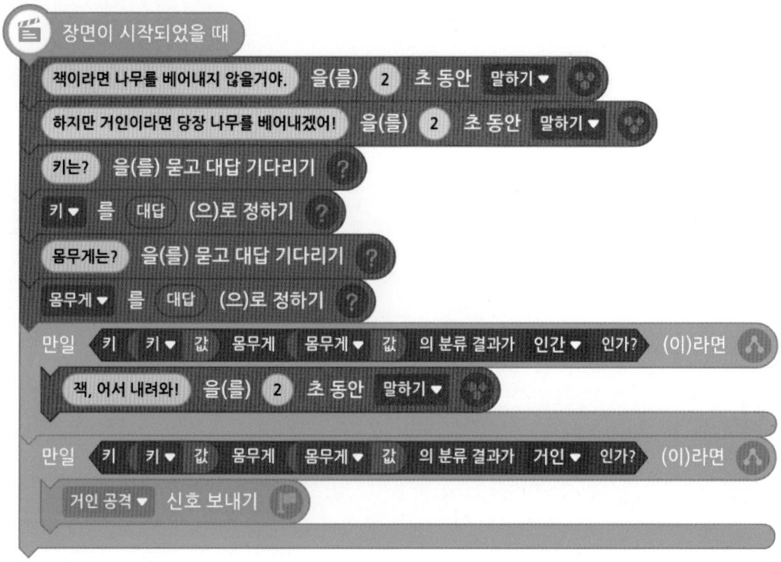

⑨ 3세트의 블록 뭉치들이 병렬로 동시에 잘 작동하는지 확인해 본다.

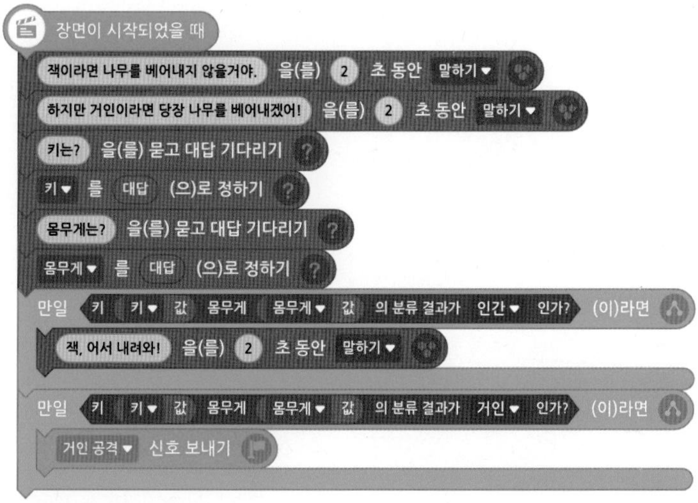

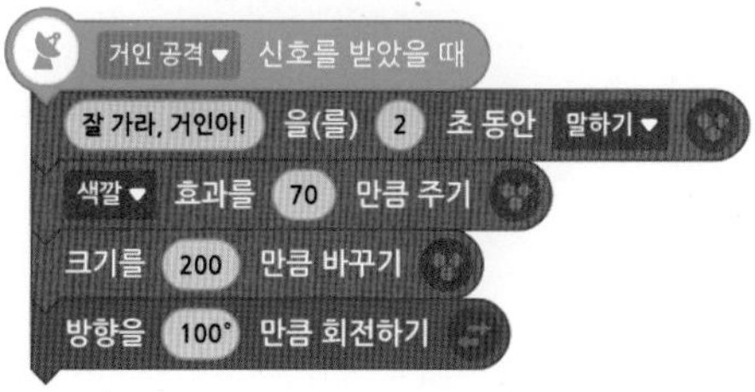

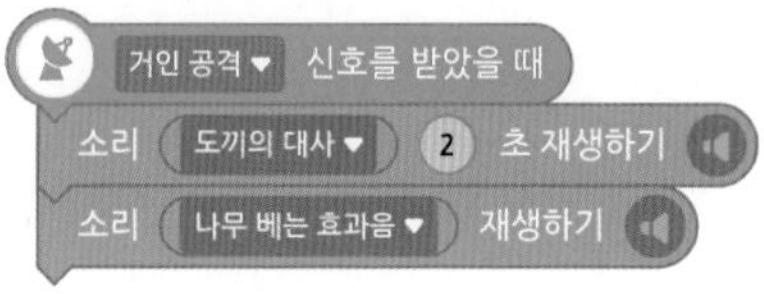

1장

2장

3장

3. 엔트리 AI 모델 with 생성형 AI

⑩ 마지막으로 화면에 변수 창과 모델 이름 창으로 인해 오브젝트의 대사가 가려지는 문제를 해결하기 위해 장면 1에 아래의 블록을 추가해 보자. 예시로 어머니 오브젝트에 코딩해보았다.

⑪ 최종적으로 장면의 흐름이 잘 이루어지는지, AI 도끼가 인간과 거인을 잘 분류하고 조건에 맞게 설정한 동작을 잘하는지 확인해 보자.

<장면 1>

<장면 2>

① 거인일 때

② 인간일 때

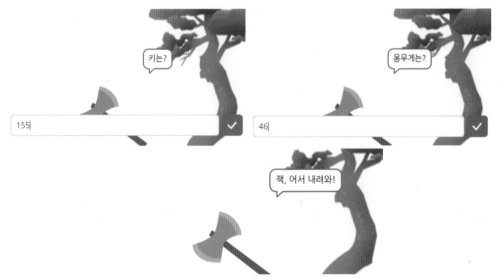

<장면 1>

캐릭터	최종 코드

<장면 2>

캐릭터	최종 코드

스토리텔링 확장하기

Q. 인간과 거인을 분류해 주는 AI 도끼가 있었다면 잭과 어머니는 어떤 도움을 받을 수 있었을까요?
Q. 새로 알게된 점, 느낀 점, 아쉬운 점, 더 발전시키고 싶은 점을 써 봅시다.

1장
2장
3장

3. 엔트리 AI 모델 with 생성형 AI

엔트리 프로그래밍

3-5
헨젤과 그레텔의
집 찾기
(이머시티 AI)

① AI 알고리즘 설명 [선형회귀]

지도학습

예측: 숫자 (선형 회귀)
테이블의 숫자 데이터를 특성값과 예측값으로 삼아 선형 회귀 모델을 학습합니다.

선형회귀는 숫자 데이터를 이용하여 결과 숫자를 예측하는 방법이다.

예를 들어, 1시간 공부하면 시험에서 20점을 맞고, 2시간을 공부하면 40점을 맞고, 3시간을 공부하면 60점을 맞는다고 했을 때, 4시간을 공부하면 얼마를 맞을지 대략적으로 예상할 수 있다.

이렇게 시험 점수가 공부한 시간과 비례하여 올라간다면 너무나도 간단하지만 실제로는 그렇지 않다. 물론 지금까지 공부한 시간이 가장 중요하지만 그와 더불어서 먼저 공부했던 지식의 양, 그날의 컨디션(전날 잠을 잔 시간, 아침에 일어난 시간) 등 굉장히 많은 것이 시험 점수에 영향을 미칠 것이다.

이러한 상황에서 공부한 시간, 기존 지식의 양, 잠을 잔 시간 등 다양한 내용을 가지고 결과 점수를 예측하는 게 바로 선형회귀이다.

중요한 점은 예측하고자 사용하는 값도, 결괏값도 숫자로 표시되어야 한다는 것이다.

1. 엔트리 AI 모델 탐구하기

① AI 블록

지도학습

예측: 숫자 (선형 회귀)
테이블의 숫자 데이터를 특성값과 예측값으로 삼아 선형 회귀 모델을 학습합니다.

① 데이터분석 카테고리에서 [테이블 불러오기]를 선택한 뒤 테이블을 추가한다(새로 만들기).

② 테이블 제목과 자료를 입력하고 적용한다.

③ 인공지능 모델 중 [예측: 숫자(선형회귀)]에서 모델 이름을 정한다.

④ 만든 테이블을 선택한 뒤 예측의 근거를 핵심 속성에, 예측 결과를 클래스 속성에 입력한다.

⑤ 모델을 학습한다.

⑥ 결과를 확인하고 이를 코딩에 사용한다.

회귀식
$Y = +2.01X_1 +4.75$

모델 다시 학습하기	[모델 학습하기] 버튼을 다시 누른 것처럼 다시 학습한다.
모델이 학습되었는가?	모델이 학습이 되었는지 확인하는 관찰 블록이다. 조건문 등에서 사용할 수 있다.
모델 보이기 ▼	모델을 실행 창 화면에 표시할 수 있다.
모델 차트 창 열기 ▼	테이블을 만들 때 차트도 함께 만들었다면 이를 출력한다.
학습 조건 학습률 ▼ 을 10 으로 바꾸기	학습률이란 학습의 정교함이다. 너무 낮으면 학습 속도가 느려지거나 새로운 답을 잘 예측하지 못하며 너무 높으면 학습이 제대로 되지 않는다.
온도 10 의 예측 값	학습한 내용을 토대로 새로운 값을 예측하고자 할 때 사용한다.

② 핵심 기능 콕콕!

1. 사용자의 대답을 받는다.
2. 대답을 학습한 모델로 예측한다.
3. 예측 결과를 알려준다.
4. 계속 예측을 할 수 있도록 반복시킨다.

2. 스토리 만나기

이야기에 빠져 봐요

한 마을에 헨젤과 그레텔이라는 남매가 살고 있었다. 그들의 부모는 너무나 가난해서 더는 아이들을 먹일 수 없다고 절망했다. 그러던 어느 날, 부모는 가슴 아픈 결정을 내렸다. 남매를 깊은 숲속에 버리고 오기로 한 것이다. 헨젤은 이 끔찍한 계획을 몰래 엿듣고, 어떻게든 빠져나갈 방법을 궁리하게 된다.

숲으로 향하면서, 헨젤은 ○개의 빵 부스러기들을 하나씩 떨어뜨리며 마을로부터 얼마만큼 떨어졌는지 계산하기 시작했다. 그러나 긴장했던 헨젤은 빵 부스러기를 규칙적으로 떨어뜨리지 못했고 심지어 중간에 몇 개는 새가 먹어 버린 상태였다. 그들은 집으로 돌아가려면 얼마나 가야 할지 알 수 없었다. 설상가상으로 그레텔이 울먹이기 시작했다. "오빠, 우리 언제쯤 집에 도착할 수 있어?"

Q. 헨젤과 그레텔의 마음은 어떠하였을까요?

Q. 빵 부스러기 몇 조각을 가지고 집까지의 거리를 어떻게 알 수 있을까요?

스토리텔링 미션

☆ 헨젤과 그레텔이 돌아가야 하는 거리 알아보기
☆ 이야기에 나오는 과자 집 배경 만들어 보기

캐릭터	캐릭터의 할 일
	– 시작하면 말을 "~~~" 라고 한다. – 사용자의 대답을 물어본다.
코드 써보기	[시작하기] ~ 말하기 블록
	~ 캐릭터는 ~
코드 써보기	
	~ 배경은 ~
코드 써보기	

3. AI로 스토리텔링 문제 해결하기

① [오브젝트 추가하기] 버튼을 눌러 맥락에 맞는 화면을 디자인한다. 헨젤과 그레텔, 숲속, 과자 등을 배경으로 선택할 수 있다. 이후 상황 설명을 하는 블록을 만들어서 애니메이션으로 사용자의 이해를 돕는다.

걸음수

	A	B
1	빵순서	걸음수
2	1	12
3	2	25
4	3	38
5	4	51
6	5	63
7	6	77
8	7	90
9	8	105
10	9	130
11	10	142

② 이제 테이블을 작성해 본다. 첫 번째 빵과 두 번째 빵의 걸음 수라고 생각되는 정도를 표에 누적하여 기록한다. 테이블 추가의 경우 3-4부를 참고하자.

③ 이제 빵의 순서와 걸음 수 둘 다 숫자이기 때문에, 회귀를 사용할 수 있다. [예측: 숫자(선형 회귀)]를 사용한다.

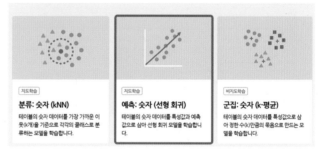

④ 빵 순서와 걸음 수를 이용하여 모델을 학습해 보자. 인공지능의 경우 수많은 데이터를 넣어야 정답의 확률이 올라감을 유의하자. 만약 학습이 잘되지 않은 경우 다시 학습을 할 수 있다.

⑤ 이제 만들어진 인공지능 모델을 이용하여 거리를 말해 주는 상황을 만들어 본다. 먼저, 대사를 이야기한 후 테이블 차트 창을 열도록 한다.

그리고 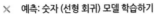 블록으로 사용자의 대답 을 받는다. 사용자의 대답을 활용하여 예측값을 찾을 것이다. 이때 스토리의 대사와 인공지능의 예측값을 동시에 말하기 위해 안녕! 과(와) 엔트리 을(를) 합친 값 블록을 함께 사용한다.

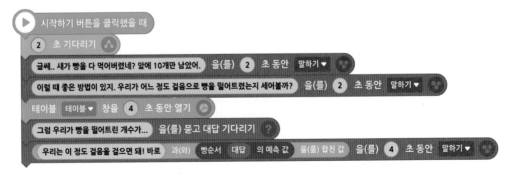

★ 블록 TIP

데이터 분석 카테고리에서 만든 테이블 창을 열어 두는 블록이다. 데이터값을 확인하고 싶거나 프로그램 내에서 표를 보고 싶을 때 사용한다.

★ 블록 TIP

말하기 블록 등에서 문자의 값을 합쳐서 이야기하고 싶을 때 활용한다. 혼자서는 기능을 할 수 없기 때문에 주로 안녕! 을(를) 말하기 블록에 넣어 사용한다. 문자 사용 시 유의할 점은 두 단어를 띄어쓰기까지 고려하여 합쳐 주지는 않는다는 것이다. 만약 띄어쓰기가 필요하다면 공백을 입력해 주면 된다.

4. 생성형 AI로 업그레이드

생성형 AI 활용

[이머시티 AI]

이머시티 AI는 영상 생성 인공지능 플랫폼이다. 특히 동적인 영상을 제작하는 것이 아닌, 2D 이미지를 몰입감 있는 3D 경험으로 변환한다는 점에서 다채로운 활용이 가능하다.

이머시티 AI는 정적 이미지의 깊이를 측정하여 이를 기반으로 움직임을 만들어 3D콘텐츠로 변환한다. 3D 모션 만들기, 3D 이미지 만들기, 3D 비디오 만들기 모두 제공하므로 다양하게 사용할 수 있다.

처음 가입하면 무료 크레딧을 제공하며, 본 프로젝트에서는 간단한 무료 기능만 사용해보겠다. 18세 미만은 부모의 동의하에 가입이 허용되며, 상업적 사용은 주의해야 한다. 크롬 브라우저에서 원활하게 사용된다는 점에 유의하자.

❶ 모션을 생성할 이미지를 인터넷에서 검색하거나, 여타 이미지 생성 AI를 활용하여 만든다. 그리고 해당 이미지를 가운데 [+ Upload] 부분에 업로드한다.

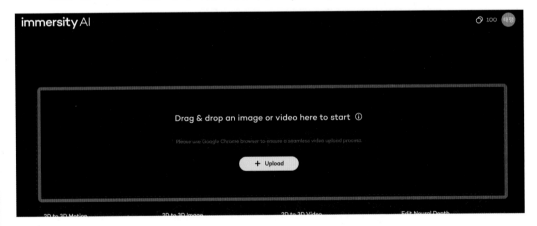

❷ 이제 우측 메뉴 [Animation Style]과 [Amount of Motion]을 조절해 보자. [Animation Style]은 움직이는 시점을, [Amount of Motion]은 움직이는 정도를 의미한다. 이후 [Export] 버튼을 눌러서 다운로드를 진행한다. 본 프로젝트에서의 출력 양식은 'GIF 3D Motion'을 추천한다.

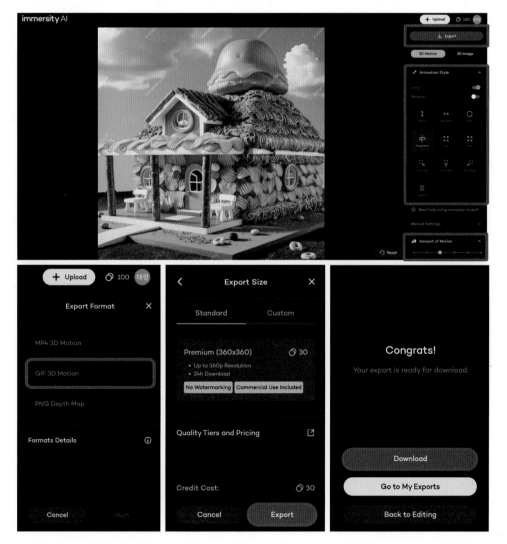

❸ 다운로드한 영상을 가지고 비디오 영상을 그림 파일로 만들어 주는 사이트로 접속한다. 'gif to image converter'라고 검색하면 다양한 사이트가 있다. (본 프로젝트에서 접속한 사이트는 ezgif.com/gif-to-jpg이다.) 이제 이머시티 AI에서 받은 영상 파일을 업로드해 보자.

❹ 추출할 시간을 선택한 뒤 [Convert to JPG]를 클릭한다. 엔트리에 업로드하기 위해서는 압축을 풀어 두자. (압축 푸는 법: 다운로드 받은 압축파일 오른쪽 버튼 클릭 - [압축 풀기] 선택)

① 이제 만들어진 그림을 이용하여 움직이는 배경을 만들어 보자. 왼쪽 상단 [+] 버튼을 눌러서 새로운 장면을 생성한다. 장면 2에서 [오브젝트 추가하기]를 이용하여 새 오브젝트를 만든다. 이때 압축 파일 목록 중 첫 번째 파일을 사용하면 된다.

② 이후 [모양 추가하기]에서 나머지 모양들도 모두 추가해 준다. (한 번에 10개까지 올릴 수 있다.)

③ 코딩을 통해 배경을 움직이도록 만든다. 오브젝트의 모양 목록에 관한 설명은 2-4부를 참고하자. 이 장면이 시작될 때 배경이 움직여야 하니 장면이 시작되었을 때 블록으로 코딩을 해야한다. 마찬가지로 장면 1에서도 다음▼ 장면 시작하기 명령을 넣어주자.

④ 집에 가다가 과자 집을 만나 목적지를 잃어 버리고 과자 집에서 노는 모습을 표현해 봐도 재미있을 것이다.

<장면 1>

캐릭터	최종 코드
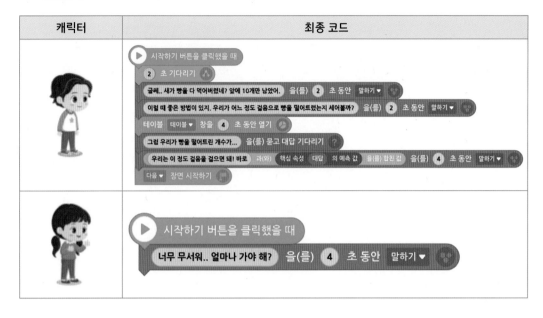	

<장면 2>

배경	최종 코드
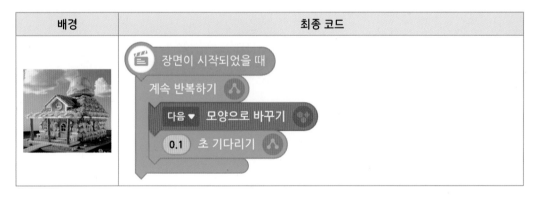	

스토리텔링 확장하기

Q. 그림을 이용하여 만든 동영상으로 또 다른 효과를 만든다면 무엇을 만들지 생각해 봅시다.

Q. 새로 알게된 점, 느낀 점, 아쉬운 점, 더 발전시키고 싶은 점을 써 봅시다.

엔트리 프로그래밍

스토리텔링 생성형 AI, 엔트리 인공지능을 만나다

| 2024년 11월 11일 | 1판 | 1쇄 | 인 쇄 |
| 2024년 11월 22일 | 1판 | 1쇄 | 발 행 |

지 은 이 : 송해남, 김태령, 서정원,
　　　　　박기림, 김혜진, 유영재 공저

펴 낸 이 : 박　　　정　　　태

펴 낸 곳 : **주식회사 광문각출판미디어**

10881
파주시 파주출판문화도시 광인사길 161
광문각 B/D 3층
등　　　록 : 2022. 9. 2 제2022-000102호
전　화(代): 031-955-8787
팩　　　스 : 031-955-3730
E - mail : kwangmk7@hanmail.net
홈페이지 : www.kwangmoonkag.co.kr

ISBN : 979-11-93205-41-9　　93000

값 : 19,000원